Bolingo:
Bokokisi na Mobeko

Bolingo:
Bokokisi na Mobeko

Dr. Jaerock Lee

Bolingo: Bokokisamina Mobeko sna Dr. Jaerock Lee Ibimisami na ba Buku Urim Mikambemi na: Johnny. H. Kim)
361-66, Shindaebang- Dong, Dongjak-Gu, Seoul, Korea
www.urimbooks.com

Droits D'auteur.Buku oyo to eteni na yango ikokiki te kobimisama na lolenge nini nini, kobombama na system moko, to kopesama na lolenge soko nini to na likambo nini, na lolenge na electronique, mecanique, photocopie,enregistrement to lolenge nini, ka soki nzela epesami na mokanda na mobimisi.

Kaka soko etalisami lolenge mosusu, makomi nioso mabimisami makozwama kati na Biblia Esantu, BIBLIA SIKA NA STANDARD NA AMERICA, °, Coppyright © 1960, 1962, 1963, 1968, 1971, 1972, 1973, 1975, 1977, 1995 na Fondation Lockman. Ekosalelama soki nzela epesami.

Copyright © 2013 na Dr. Jaerock Lee
ISBN: 979-11-263-1342-6 03230
 Copyright na Kobalolama © 2013 na Dr. Esther K. Chung. Ekosalelama soki nzela epesami.

Ebimiseli na Yambo na sanza mwambe 2013

Liboso ebimesamaka na KiKoreen na 2009 na Buku Urim na Seoul, Koree

Ikomami na Geumsun Vin
 Desin na Ndako na Edition na Buku Urim
Mpona koyeba mongi na koleka komela: urimbook@hotmail.com

"Bolingo ekosalelaka mozalani mabe te;bongo Bolingo ezali kokokisa Mobeko."

Baloma 13:10

Ekotiseli na Buku

Na kolikyaka ete batangi bakozwa Yelusaleme na Sika na nzela na bolingo na molimo

Companie na publicite na Royaume Unie epesaki motuna na bato nioso na kotunaka ete nzela na mbangu koleka na kobembuka kobanda Edimburgh, na Ecose kino Londre, Engletere. Bakopesa cadeau monene oyo eyano na ye ekoponama. Eyano oyo eponamaki ezalaki ete "kobembuka na molingami". Tososoli ete soki tobembuki elongo na balingami na biso, ata na nzela molayi ikoyokama mokuse. Na lolenge moko, soki tokolingaka Nzambe, ikozala pasi te mpona biso kotia Liloba na Ye na misala (1 Yoane 5:3). Nzambe Apesa biso Mobeko to mpe Asenga na biso tobalela yango te mpona kopesa biso kokoso.

Liloba mobeko iwuti na Baebele 'Torah', yango izali na limbola na 'statue' to lesonns'. Torah mpe elakisi ba buku 66 kati na Biblia, to kaka lokola mibeko na Nzambe iyebisi biso tosala , tosala te,tobatela, tolongola makambo masusu. Bato bakoki kaka kokanisa ete Mobeko mpe Bolingo misangana te, kasi mikoki kokkabolama te. Bolingo ezali nna Nzambe, mpe soko tokolingaka Nzambe te tokoka kobatela Mobeko mobimba te. Mobeko ikoki kaka kokokisama soko kaka tokosalela yango na bolingo.

Ezali na lisolo iye italisi biso nguya na bolingo. Elenge mobali asalaki crsh na tango azalaki kopumbwa likoolo na lisobe kati na avion moke. Tata na ye azalaki mozwi monene, mpe a louaki equipe na baluki mpe basalisi na muana na ye mobali, kasi yango isimbaki te. Nde apanzaki ba million na makasa likolo na lisobe. Nini ye akomaki likolo na makasa izalaki ete 'Muana Nalingi yo.' Muana mobali oyo azalaki kowaya waya kati na lisobe, akutanaki na moko na likasa mpee azongelaki makasi oyo ememaki ye kino na kosungama mpe komonana. Bolingo na solo na tata ebikisaki muana na ye. Kaka lolenge tata apanzaka makasa likolo na lisobe mobimba, biso mpe tozali na mosala na kopanza bolingo na Nzambe epai na milimo ebele.

Nzambe Atalisa bolingo na Ye na kotindaka Muana na Ye se moko na likinda Yesu kati na Mokili oyo mpona kobikisa bato ba oyo bakomaki basumuki. Kasi bato na mibeko na tango na Yesu batalaki kaka libanda na Mobeko mpe basosolaki bolingo na solo na Nzambe te. Suka suka, bayaka kokatela Muana se moko na likinda na Nzambe, Yesu, lokola mobebisi oyo azalaki kaka kozimisa Mobeko nde babakaki Ye o Ekulusu. Basosolaki te boolingo na Nzambe kati na Mobeko.

Kati na 1 Bakolinti chapitre 13 italisami malamu lokola ndakisa na 'bolingo na molimo'. Ilimboleli biso likolo na bolingo na Nzambe oyo Atindaka Muana na Ye na likinda mpona kobikisa bis oba oyo tosengelaki na kokufa likolo na masumu, mpe bolingo na Nkolo oyo Alinga biso kino na kobwakisa nkembo na Ye nioso na Lola mpe kokufa na ekulusu. Soki biso mpe tolingi kopesa bolingo na Nzambe epai na ebele na milimo kokufa kati na mokili, tosengeli kososola bolingo na molimo mpe kosalela yango.

"Nazali kopesa na bino lilako na sika ete, Boolinganaka; bolinganaka lokola ngai nalingi bino. Na bongo bato nioso bakoyeba ete bozali bayekoli na ngai soki bolingani bino na bino." (Yoane 13:34-35).

Sik'awa buku oyo ebimisami mpo ete batangi bakoka na kopima lolenge kani bakolisi bolingo na molimo mpe na lolenge nini ba mbongwami kati na solo. Napesi matondi epai na Geumsun Vin, Mokambi na ndako na edition mpe na basali, mpe nakolikya ete batangi nioso bakokokisa Mobeko kati na bolingo mpe na koozwaka Yelusaleme na Sika, bisika na kitoko koleka kati na Lola.

Jaerock Lee

Ebandeli

Nakolikyaka ete na nzela na solo na Nzambe batangi bakombongwana na kokolisaka bolingo ekoka.

Chaine na TV esalaki recherché na mituna likolo na basi babala. Motuna ezalaki soko to soko te balingaki kobakla mobali moko wana soki epesamelaka bango lisusu nzela na kopona mobali na bango. Eyano ezalaki na kokamwisa. Kaka %4 na basi balingaki kopona mobali moko wana. Basengelaki na kobala mibali na bango mpo ete balingaka bango, mpe pona nini basengelaki na kobongola makanisi na bango na lolenge eye? Ezali mpo ete balingaki na bolingo na molimo te. Mosala oyo bolingo: Bokokisi na Mobeko ekotangisa biso likolo na bolingo na molimo.

Na Eteni na 1 "Bolingo yango elakisi nini?", ikotalaka likolo na ba lolenge na lolenge na bolingo iye ikutani kati na mobali mpe muasi, baboti na bana, mpe kati na baninga na bazalani, na bongo ikopesa biso likanisi kati na bolingo na mosuni mpe bolingo na molimo. Bolingo na molimo ezali kolinga moto mosusu na motema ikombongwanaka ten a kolukaka eloko moko ten a kozongisa. Na bokeseni bolingo na mosuni ekombongwana kolandana na ba situation mpe na ba circonstance, nde yango tina bolingo na molimo ezali motuya mpe kitoko.

Eteni 2 "Bolingo na lolenge na Chapitre na Bolingo", ekaboli 1 Bakolinti na biteni misato. Eteni na yambo, 'Lolenge na bolingo oyo Nzambe Alikiaka' (1 Bakolinti 13:1-3), ezali ikotiseli na chapitre iye ibetisi sete likolo na motuya na bolingo na molimo. Eteni na mibale, 'Lolenge na bolingo' (1 Bakolinti 13:4-7), izali eteni eleki monene, mpe elobeli biso likolo na ba lolenge 15 na bolingo na molimo. Eteni na misato, 'Bolingo na kokoka', ezali kokanga na Chapitre na bolingo, oyo elakisi biso ete kondima na elikya misengeli mpona tango moko, na tango tozali kotambola na nzela na Bokonzi na Likolo kati na bomoi na bison a mokili, na tango bolingo ekoumelaka mpona seko ata na kati na Bokonzi na Lola.

Eteni 3, 'Bolingo ezali kokokisa na Mobeko', elimboli nini ezali kokokisa Mobeko kati na bolingo. Etalisi mpe bolingo na Nzambe oyo Afungoli nzela na lobiko mpona biso.

Chapitre na Bolingo' ezali kaka moko kati na ba 1189 kati na Biblia. Kasi ezali lokola carte na bomengo iye italisi biso bisika nini tosengeli kozwa ebele na bozwi, mpo ete ezali kotangisa biso nzela na Yelusaleme na Sika na mozindo. Ata soki tozali na carte mpe toyebi nzela, ezali na mosala moko te soko tokokende nzela epesameli biso te. Mingi, ekosunga biso te soki tokosalela bolingo na molimo.

Nzambe Akosepela na bolingo na molimo, mpe tokoki kozwa bolingo oyo na molimo na lolenge tozali koyoka mpe kosalela Liloba na Nzambe oyo ezali solo. Soki tokomi na bolingo na molimo, tokoka kozwa bolingo mpe lipamboli na Nzambe, mpe na suka kokota kati na Yelusaleme na Sika, bisika na kitoko kolekka kati na Lola. Bolingo ezali tina eleki likolo mpona Nzambe kokela bato mpe kolekisa bango na nse na moi. Nabondeli ete batangi nioso bakolinga nnaino Nzambe mpe baling bazalani na banngo lokola banngo moko bakomilinga mpo ete bakoka kozwa bafongoola mpona kofungola ekuke na mangaliti na Yelusaleme na Sika.

Geumsun Vin
Directrice na Bureau D'Edition

MAKAMBO KATI NA BUKU ⁓ *Bolingo: Kokokisa na Mobeko*

Liboso · VII

Ekotiseli · XI

Eteni 1 Tina na Bolingo

    Chapitre 1 Bolingo na Molimo · 2

    Chapitre 2 Bolingo na Mosuni · 10

Eteni 2 Bolingo na Lolenge Chapitre na Bolingo

    Chapitre 1 Lolenge na Bolingo iye Nzambe Alikyaka · 24

    Chapitre 2 Ba lolenge kati na Bolingo · 40

    Chapitre 3 Bolingo na Kokoka · 154

Eteni 3 Bolingo ezali Bokokisi na Mobeko

    Chapitre 1 Bolingo na Nzambe · 166

    Chapitre 2 Bolingo na Christu · 178

"Soko kaka bokoligaka ba oyo bolingaka bino, bozali na libonza nini? mpo ete ata baton a masumu bakolingaka balingi na bango."

Luka 6:32

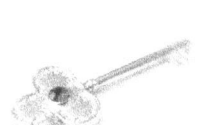

Eteni 1
Tina na Bolingo

Chapitre 1 Bolingo na Molimo

Chapitre 2 Bolingo na Masuni

Chapitre 1 — Bolingo na Molimo

Bolingo na Molimo

"Balingami tolingana moto na moninga na ye, mpo ete bolingo euti nna Nzambe; mpo ete moto na moto oyo akolingaka te ayebi Nzambe te, mpo ete Nzambe Azali Bolingo.

(1 Yoane 4:7-8)

Kaka koyoka liloba 'bolingo' ikomisaka mitema mpe makanisi na biso kopunzapunza. Soki tokoki kolinga moto mpe kokabola bolingo na solo bomoi na biso nioso, ikozala bomoi oyo itondisama na esengo ya likolo koleka. Tango mosusu toyokaka sango na bato balongi likama na kufa mpe bakokomisa bomoi na bango kitoko na nzela na bolingo. Bolingo ezali nzela na kobika bomoi na esengo; ezali na nguya makasi na ko mbongola bomoi na biso.

Dictionaire en ligne na nkombo Merriam-Webster's Elimboli bolingo lokola affection makasi mpona mosusu kowuta na bondeko to na boyebani to affection oyo efandisami kati na kosepela, komikkaba, to mpe oyo esangisi biso. Kasi lolenge na bolingo oyo Nzambe Alobelaka ezali bolingo oyo ezali na etape na likolo, yango ezali bolingo na molimo. Bolingo na molimo ilukaka lifuti na basusu; ikopesaka sai, elikya, mpe bomoi epai na bango, mpe ikombongwanaka te. Lisusu, ikosungaka biso kaka na bomoi oyo na tango moke te, bomoi na mokili, kasi ikomema milema na bison a lobiko mpe kopesa biso bomoi na seko.

Lisolo na Muasi moko oyo amemaka Mobali na ye na Egelesia

Ezalaki na muasi moko oyo azalaka sembo kati na bomoi na ye na Mokristo. Kasi mobali na ye alingaki te ete akende na egelesia mpe apesaki ye pasi. Ata kati na kokoso na boye azalaka kokende na mabondeli na tongo, mokolo na mokolo mpe azalaka kobondela mpona mobali na ye. Mokolo moko, akendaka kobondela na mayangani na tongo tongo na sapato na mobola na ye. Na kosimbaka sapato na libumu na ye, abondelaka na mai na miso, "Nzambe, lelo, kaka sapato oyo eyei na egelesia, kasi mbala ekoya, tika été nkolo na yango aya na egelesia, mpe lokola."

Sima nan tango likambo na kokamwa isalemaka. Mobali ayaki na ndako na Nzambe. Eteni oyo na lisolo ekei boye: Kobanda ngonga moko na tango, tango nioso mobali azalaki kolongwa ndako mpona mosala, azalaka koyoka molunge kati na ba sapato na ye. Mpe mokolo moko, amonaki muasi na ye kokende bisika moko na ba sapato na ye mpe alandaki ye sima sima. Ye akendaki na Egelesia.

Azwaki nkanda, kasi akokaka te kolonga posa na ye na koyeba. Asengelaka koyeba nini ye azalaki kosala kati na egelesia na ba sapato na ye. Na lolenge akotaki na kimya kati na egelesia, muasi na ye azalaki kobondela na kosimbaka sapato na ye makasi na pembeni na tolo na ye. Ayokaki libondeli, mpe maloba nioso na mabondeli mazalaki mpona boolamu mpe mapambolii na ye. Motema na ye etutisamaki, mpe akokaki kaka koyokamabe mpona lolenge oyo asalelaki muasi na ye. Suka suka, mobali asimbamaki mpona bolingo na muasi na ye mpe akomaki Mokristo na mpiko.

Basi mingi na likambo na lolenge oyo bakosenga na ngai nabondela mpona bango nakolobaka ete, "Mobali na ngai azali kopesa ngai kokoso kaka mpo ete nazali koya na egelesia. Bolinbisi, bondela mpona ngai mpo ete mobali na ngai atika konyokola ngai." Kasi tango nakozongisa ete, "Noki noki bulisama mpe kota kati na molimo. Yango ezali nzela na kosilisa mikakatano na bino." Bakopesa ebele na bolingo na molimo, na lolenge bakokata ngenga na mitema na bango, mpe bakobulisama. Mobali nini akopesa pasi na muasi na ye oyo akomikabaka mbeka mpona ye na motema mobimba. Na kala muasi akotalisa mabe nioso epai na mobali na ye, kasi na bombongwani kati na solo, akoyambola ete azali moto na kopamela, mpe akomikitisa. Pole na molimo abenganaka molili mpe mobali akoki mpe kombongwana okola. Nani akobondela mpona monyokoli na ye? Nani akomikaba mbeka mpona bazalani babakwama mpe atalisa bango bolingo? Bana na Nzambe na solo ba oyo bayekolibolingo na solo na Nkolo, bakoki kopesa bolingo na lolenge oyo epai na basusu.

Bolingo oyo embongwanaka te mpe kimoninga na Dawidi mpona Jonatana

Jonatana azalaki muana na Saulo, mokonzi wa yambo na Yisalele. Na tango amonaka Dawidi kokweyisa molongi na Bafilisitia, Goliiata, na ebwakeli mpe na libanga, ayebaki ete Dawidi azalaki mobundi Oyo Molimo na Nzambe ekitaki. Na kozalaka ye moko general na mapinga, motema na Yonatana esimbamaki na makasi na Dawidi ye moko nde babandaki kotonga singa makasi na ki moninga. Yonatana alingaka Dawidi mingi mpenza ete akokaki kotika eloko moko te soki azalaki mpona Dawidi.

"Esilaki ye kolobana na Saulomotema na Yonatana ekanganaki na motema na Dawidi. Yonatana alingaki ye lokola motema na ye moko. Saulo akamataki ye na mokolo na yango mpe atikaki ye kozonga na ndako na tata na ye te. Yonatana akataki kondimana na Dawidi mpo ete alingaki ye lokola motema na ye moko. Yonatana alongolaki bilamba likolo na ye mpe apesaki yango epai na Dawidi, elongo na litimbo na ye mpe mopanga na ye mpe nkamba na ye. (1 Samuele 18:1-4).

Yonatana azalaka muana na liboso na mokonzi mpona kozwa ebonga na Mokonzi Saulo, nde akokaki na pete koyina Dawidi mpo ete Dawidi alingamaki mingi epai na bato. Kasi azalaki na posa moko ten a ebonga na mokonzi na Mboka. Kutu tango Saulo alingaka koboma Dawidi mpona kobatela ngwende na ye, Yonatana alingaki kobomama mpona kobikisa Dawidi.

"Nayoki mawa mingi mpona yo Yonatana ndeko na ngai! Yo ozalaki na bolingo epai na ngai. Bolingo nay o epai na ngai ezali malamu na kokamwa, koleka bolingo na basi (2 Samuele 1:26).

Sima na Dawidi kokoma mokonzi, akutanaki na Mefibosete muana se moko na Yonatana, azongeselaki ye biloko nioso na Saulo, mpe asungaka ye lokola muana na ye moko na palais (2 Samuele 9). Na lolenge oyo, bolingo na molimo ezali kolinga moto mosusu na motema mombongwanaka te Na nioso kati na bomoi na moto, ata soki eza;I kosunga moto yango te kasi ezali kutu komema kokoso epai na ye moko. Kaka kozala malamu na elikya na kozwa eloko epai na moto ezali bolingo na solo te. Bolingo na molimo ezali komikaba mbeka mpe kokoba na kopesa baninga, na moytema peto mpe na makannisi malamu.

Bolingo imbwogwaka te na Nzambe mpe na Nkolo mpona biso

Bato mingi bakutanaka na pasi na motema kati na bomoi na bango likolo na bolingo na molimo. Tango tozali na pasi mpe tokomiyoka biso moko likolo na bolingo oyo imbongwanaka na pete, ezali na moto oyo akokitisa biso mitema mpe akokoma moninga na biso. Azali Nkolo. Ba bwakisaki mpe ba nyokolaki ye epai na bato ata soki asalaki eloko te(Yisaya 53:3), nde asosolaka mitema na biso malamu mingi. Atikaka nkembo na Lola mpe Ayaka na mokili oyo mpona kozwa nzela na minyoko. Na kosalaka bongo Akomaka mosungi na bison a solo mpe moninga. Apesaka biso bolingo na solo kino tango akufaka na ekulusu.

Liboso na ngai nakoma mondimi na Nzambe, nanyokwamaka na bokono mingi mpe solo na kutanaka na pasi na kozala yo moko eyeilaka moto mpona bobola. Sima na konyokwama ba mbula sambo milayi, nioso etikalaki na ngai ezalaki nzoto na bokono, na banyongoko kokoba se kokoba, kotalela kaka bato, kozala ngai moko, mpe bozangi na elikya. Ba oyo nioso natielaka motema mpe nalingaka batikaka ngai. Kasi moto moko ayeilaka ngai na tango na tango nakanisaka ete natikalaka ngai moko kati na univer mobimba. Ezalaki Nzambe. Na lolenge nakutanaka na Nzambe, nabikisamaki na bokono na ngai nioso na mbala moko mpe nayaka kobika bomoi na sika.

Bolingo oyo Nzambe Apesaki na ngai ezalaki likabo na ofele. Nalingaka Ye nay ambo te. Ayeiyaki yambo epai na ngai mpe Afungolelaki ngai maboko. Na tango na bandaki kotanga Biblia, Nakokaki koyoka litatoli na bolingo na Nzambe mpona ngai.

Bongo muasi akoki kobosana muana oyo ye anungi naini ? Ayoka mawa lisusu te mpona muana mobali na libumu na ye ? Ata baoyo bakobosana nde ngai Nakobosana yo te.Tala nakomi nkombo na bino na matandu na maboko na ngai, mapango nay o izali libela liboso na Ngai (Yisaya 49 :15-16).

Bolingo na Nzambe Emonaneli biso ete Nzambe Atindaki Muana na Ye na likinda kati na mokili ete tobika na bomoi mpona Ye. Bolingo ezali te ete biso tolingaki Nzambe, kasi ezali boye ete, kasi ezali boye ete Ye Alingaki biso mpe Atindaki Mwana na Ye lokola mbeka mpona masumu na biso. (1Yoane 4:9-10).

Nzambe Atikaka ngai tea ta na tango nazalaki kati na kokoso kati minyoko na ngai, na tango bato nioso batikaki ngai. Tango nayokaki bolingo na ye, nakokaki te kotika kotangisa mpinzoli na miso. Nakokakak te koyoka ete bolingo na Nzambe wana ezali malamu mpona pasi nazalaka na yango. Sasaipi,, nakomi Pasteur, mosali na Nzambe, mpona kopesa makasi na mitema na bandimi ebele mpe kofuta niongo na ngolu na Nzambe Apesaki ngai.

Nzambe Azali bolingo yango moko. Atindaki muana na ye se moko na likinda Yesu na mokili oyo mpona biso ba oyo tozali basumuki. Mpe Azali ozela bison a Bokonzi na Likolo bisika wapi Atia biloko mingi kitoko mpe malamu. Tokoki koyoka bolingo kitoko mpe malamu na Nzambe soki tokofungola mitema na biso ata moke.

"Mpo ete longwa na tango wana Ezalisaki Ye mokili, makambo na ye mazangi komonana, yango nguya na Ye na seko mpe boNzambe na Ye, Asili koyebisa yango polele epai na makanisi na bato kati na misala na Ye.Bongo bazali na mokalo te.(Baloma 1:20).

Pona nini bozali kokanisa nature kitoko te? Mapata bleu, mai monana petwa, mpe ba nzete nioso mpe ba ndunda mazali makambo Nzambe Asala mpona biso mpo ete biso tango tozali kobika na mokili oyo tokoka kozala na elikya mpona Bokonzi na Lola kino tokokoma kuna.

Banda na mbonge na mai oyo ikomaka na mabele na libongo; minzoto mikobetaka lokola mizali kobina; makelele makasi na mai minene kokweya; mpe na mopepe kitoko koleka biso. Tokoki koyoka mpema na Nzambe koyebisaka biso ete "Nalingi bino." Wuta toponama lokola bana na Nzambe, bolingo na lolenge nini tosengeli kozala na yango? Tosengeli kozala na bolingo na solo mpe na seko mpe bolingo na pamba te iye imbongwanaka tango makambo ezali na ngambo na biso te.

Chapitre 2 — Bolingo na Mosuni

Bolingo na Mosuni

"Soki mpe bokolinga balingi na bino, bozali na libonza nini? Mpo ete ata basumuki bakolinga balingi na bango."

Luka 6:32

Moto atelemaka liboso na etuluku monene, nakotalaka Mai monana na Galilea. Kongenga na langi na bleu likolo na mai sima na Ye imonani lokola izali kobina likolo na mopepe sima na Ye. Bato nioso bazali na posa makasi na koyoka Maloba ma Ye. Na ebele na bato ba oyo bafandaki awa mpe kuna likolo na ngomba moke, azalaka koyebisa bango ete bakoma pole mpe mungwa na mokili mpe baling ata bayini na bango, na mongongo na bokonzi kasi na komikitisa.

Mpo ete soki bokolingaka kaka baoyo bakolingaka bino bozali na litomba nini? Bakongoli na mpako bakosalaka bongo te? Soko bokopesa bobele bandeko na bino mbote, bozali kosala nini na koleka? Bapakano bakosalaka bongo te? (Yoane 5:46-47)

Lolenge Yesu Azalaka koloba, bapagano to bato mabe bakoki kotalisa bolingo epai na ba oyo bazali malamu epai na bango to ba oyo bazali na lifuti moko te epai na bango. Ezali mpe na bolingo na lokuta, iye imonani lokola malamu na libanda kasi izali bongo ten a kati. Izali bolingo na mosuni iye imbongwanaka sima na tango moko mpe ikopasuka mpe kokweya mpona makambo ata na mike.

Bolingo na mosuni ikoki kombongwana. Bato bamesana na kombongwana na koleka na tango. Soki situation imbongwani to condition imbongwani, bolingo na mosuni mpe ikombongwana. Na momesano bato bamesana kombongwana kolandana na lifuti bazwi. Bato bakopesaka kaka sima na kozwa kowuta na basusu, to bakopesaka kaka soki emonani na lifuti mpona bango moko. Soki tokopesaka mpe tolingi kozwa likambo moko epai na bato, to tokoyoka mabe soki basusu bapesi biso eloko te, elakisi ete tozali mpe na bolingo na mosuni.

Bolingo kati na baboti mpe bana

Bolingo na baboti ba oyo bakokobaka kopesa na bana na bango etutaka mitema na ba mingi. Baboti balobaka te ete ezali pasi, sima na kosilisa kosunga bana na bango na makasi na bango nioso, mpo ete balingaka bana na bango. Ezalaka na momesano mposa na baboti ete bapesa biloko malamu epai na bana na bango ata soki elakisi ete bango moko bakoka kolia malamu te to mpe kolata bilamba malamu. Kasi, etikalaka esika kati na motema na baboti wapi bakolukaka lifuti na bango moko.

Soki mpenza balingaka bana na bango, bakopesa ata bomoi na bango moko na kolikyaka eloko moko ten a sima. Kasi na momesano ezali na baboti ebele oyo bakolisaka bana na bango mpona lifuti na bango moko mpe lokumu. Blobaka ete, "Nazali kolobela yo baye mpona bolamu nay o moko," kasi na solo bazali komeka kokonza bana na bango na lolenge na komitalisa, to mpe mpona lifuti na bango na ngonga moke mpe lokola. Tango bana bakopona cariere na bango to mpe bakobala, soki bakopona nzela to muasi oyo baboti bandimi te, bakotelemela yango makasi mingi mpe bakolemba. Elakisi ete komikaba na bango mpona bana izalaki solo na condition. Balingaki kozwa oyo balingaka na nzela na banana bolingo oyo ipesamaki.

Bolingo na bana ezalaka na momesano nan se koleka oyo na baboti. Ezali na lisee na Bakoreen elobi ete," Soki baboti banyokwami na bokono tango molayi, bana nioso bakolongwa bango." Soki baboti babeli mpe bazali mibange mpe soki nzela na lobiko ezali te, mpe soki esengeli na bana kolandela bango, bakomona ete ezali pasi koleka mpona kokamba likambo yango. Tango bazali bana mike, balobaka likambo lokola eye," Nakotikala kobala te mpe nakobika kaka na bino, tata mpe mama." Bakoki solo kokanisa ete oyo bango balingi kobika elongo na baboti na bango mpona bomoi na bango mobimba. Kasi na lolenge bazali kokola, bakozala lisusu kolandela baboti na bango mpenza te mpo ete bazali na misala na bango moko. Mitema na bato na mikolo oyo mitalisama mingi na masumu, mpe mabe maleki mingi ete na ba tango baboti misusu babomaka bana to bana bakoboma baboti.

Bolingo kati na Mobali mpe Mwasi

Nini mpona bolingo kati nan a babalani? Na tango bazali kolingana, balobaka maloba sukali lokola, "Nakoka te kobika soko mpona yo te, nalingi yo mpona libela." Kasi nini esalemaka sima na kobalana? Bakoyokela molongani na bango mabe mpe bakolobaka ete, "Nakoki kobika lisusu bomoi na ngai na lolenge elingi ngai likolo nay o. okosaka ngai."

Bameseneke kotatola bolingo na bango mpona moko mpe mosusu, kasi sima na kobalana, bakomi koloba mpona bokabwani to koboma libala kaka mpo ete bakanisi ete mabota na bango, kelasi, to bomoto na bango mikokani te. Soki bilei izali lisusu kitoko lolenge mobali alingeli yango, akolobela mwasi na ye nakolobaka ete," Oyo bilei na lolenge nini? Ezali na bilei te!" Lisusu, soki mobali azali komema misolo ekoka te, mwasi akotiola mobali nakolobaka ete, "Mobali na ngaiamati pete, mpe mobali mosusu akomi directeur mpe mosusu akomi manager...Na tango nini okozwa promotion nay o...mpe moninga na ngai mosusu asombi ndako monene mpe motuka ya sika, kasi boni mpona biso? Tango nini tokozwa biloko kitoko?

Ezali statistique na kowelana na Koree, kati kati na babalani basalelaka minyoko epai na basin a bango. Mingi na babalani babungisaka bolingo na bango na liboso bazalaki na yango, mpe sik'oyo bayaka na koyinana mpe na koswana. Na mikolo oyo ezali na balingani oyo bakabwanaka na tango na lune de miel na bango! Tango na kobala mpe na kokwabwana eyeisami mpe mokuse lokola. Bakanisaka été balingi basi na bango mingi, kasi na lolenge bakoumela kati na libala bakomona mabe kati na mosusu. Mpo été lolenge na bango na kokanisa mpe biloko bakolingaka mikeseni, bakobanda kobendana na likambo mpe likambo mosusu. Na lolenge bokosalaka boye, emotion na bango nioso oyo bango bakanisaka été izalaka bolingo ikokitisama.

Ata soki bakokaka kozala na kowelana moko te mpo mosusu, bakomesana mpe emotion na bolingo na ebandeli ikokitisama na boleki na tango. Bongo, miso na bango mikobaluka epai na mibali to basi misusu. Mobali akoyoka mabe mpona mwasi na ye oyo abandi komonana malamu ten a tongo, na lolenge abandi konuna mpe kobakisa kilo na nzoto, akokanisa ete ye azali lisusu na bonzenga te. Bolingo isengelaki na kozinda sima na boleki na tango, kasi mpona makambo mingi ezali bongo te. Na bongo, mbongwana kati na bango ilakisi ete bolingo wana izalaki bolingo na mosuni iye ilukaka lifuti na yango moko.

Bolingo kati na Bandeko

Bandeko oyo babotami na baboti moko mpe bakoli elongo basengelake kozala na bomoko koleka bato misusu. Bakoki komitiela motema mpona makambo ebele mpo ete bakabola makambo mingi mpe batondisa bolingo mpona moko na moko.

Kasi bandeko misusu bazalaka na motema na komekama kati na bango mpe bakomaka na likunia na bandeko na bango mibale mpe basi.

Mwana libiso akoki komona na pete ete bolingo mosusu oyo baboti basengelaki kopesa na ye epesami epai na baleki na ye. Mwana mibale akoki komona malamu te mpo ete bakomonaka ete bazali nan se na ba kulutu na bango mibali to na basi. Bandeko oyo bazali na ba kulutu mpe na leki bakoki koyoka kokitisama epai na ba kulutu na bango mpe mokumba na kosalela ba leki na bango. Bakoki mpe koyoka lokola banyokoli bango mpo ete baboti bakoki kotala mpenza bango te.. Soki bandeko balandeli makambo oyo malamu te, bakoki kozala na boyokani malamu te kati na bandeko na bango mibali mpe basi.

Koboma na liboso kati na lisituale na bato isalemaka mpe kati na bandeko mibali. Isalemaka likolo na zua na Caina likolo na ndeko na ye mobali Abele na makambo matali lipamboli na Nzambe. Wuta tango wana, izala na kowelana mpe bitumba kati na bandeko mibali mpe basi kati na lisituale na bato. Yosefe ayinamaka epai na bandeko ba ye mibali mpe batekaka ye lokola moumbo kati na Ejipito. Muana na Dawidi Absolona, atindaka moko na baton a ye mpona koboma ndeko na ye moko Amona. Lelo, mpe bandeko mingi mibali mpe na basi babundaka kati na bango likolo na misolo na bosangoli na baboti na bango. Bakomaka lokola binemi na moto na moto.

Ata soki izali makasi lokola na likambo na likolo te, lokola babalani mpe babandi libota na bango moko, bakoka te kopesa attention mingi epai na bandeko na bango lolenge ezalaka.

Nabotamaka muana sika kati na bandeko mibali mpe basi motoba. Nalingamaka na bakulutu na ngai mibali mpe na basi mingi, kasi tango nakangamaki na mbeto mbula sambo likolo na malady kilikili, makambo mambongwanaki. Nakomaki mokumba makasi likolo na bango. Bamekaka kobikisa bokono na ngai na bisika moko, kasi tango elikya emonanaki lokola esili, babandaki kobalolela ngai mokongo.

Bolingo kati na Bandeko

Baton a Koree bazalaka na elobeli ete, "Bazalani bandeko". Elakisi ete bazalani na biso bazali lokola bandeko na biso kati na libota. Na tango bato mingi bazalaka kosala bilanga na tango eleka, bazalani bazalaka baton a lolenge oyo ba oyo bakokaki kosungana. Kasi expression oyo ezali lisusu na solo mpenza te. Na mikolo oyo, bato bakobatelaka bikuke na bango ekangemi, ata mpona bazalani na bango. Tosalelaka ata systeme na secutite makasi. Bato bakoyebaka at ate ba nani babikaka na ekuke elandi.

Balukaka te koyeba likolo na basusu mpe bazali ata na posa ten a kolinga koyeba nani mozalani na bango azali. Bazali kaka na komitungisa likolo na bango moko, mpe epai na bandeko na bango na pembeni nde bazali na motuya epai na bango. Bamitielaka motema soko te. Lisusu, soki bamoni ete bazalani na bango bakomemelaka bango kokoso, batikaka te kososola to mpe kobundisa bango. Na lelo ezali na baike ba oyo bazali bazalani ba oyo bafundanaka likolo na makambo mpamba. Ezalaki na moto oyo atiaki mozalani na ye mbeli oyo azalaki kobika na etage na likolo kati na appartement likolo na makelele bazalaki kosala.

Bolingo kati na baninga

Nde bongo, nini likolo na bolingo kati na baninga? Bokoki kokanisa ete moninga songolo akozalaka kaka na ngambo na bino. Kasi, ata moto oyo bokomonaka lokola moninga akoki kotiola bino mpe atiki yon a motema epanzani.

Na makambo misusu, moto akoki kosenga baninga ba ye kodefisa ye misolo ebele to kozala lokola garantie na ye, pamba te alingi kokweya na bombongo. Soki moninga aboyi, akoloba ete ba trahir ye mpe akolinga lisusu te komona bango. Kasi ye nani asali mabe awa?

Soki solo bokolingaka moninga na bino, bokoka te komema kokoso epai na moninga yango. Soki bosengeli kokweya, mpe soki baninga na bino bakomi garantie na bino, epusi malamu ete baninga na bino mpe bandeko na libota na bango bakoka konyokwama elongo na bino. Ezali bolingo mpona komema baninga na bino kati na likama eye? Ezali bolingo te. Kasi lelo, makambo na lolenge eye misalemaka mingi. Lisusu, Liloba na Nzambe epekisi bison a kodefa mpe kodefisa misolo to kopesa liloba na kokoma guarantie mpona moto. Tango toboyi kotosa Liloba na lolenge oyo na Nzambe, na makambo mingi ekozala na misala na Satana mpe ba oyo nioso bazali kati na yango bakokutana na kokoso.

Muana na ngai, soko okomi ndanga m[pona mozalani nay o; soko obetani maboko elongo na mosusu; soko ozingelami mpona maloba na monoko nay o, okangami na malonba na monoko na yo (Masese 6:1-2).

Zala moko na ba oyo bakobetana matandu te to na ba oyo bakozala ndanga mpona nyongo te (Masese 22:26).

Bato misusu bakokanisaka ete ezali bwanya na kozala na baninga mpona oyo bango bakoki kozwa epai na bango. Ezali momesano ete lelo ezali pasi mingi mpona kokutana na moto oyo akolinga kopesa ngonga na ye, makasi na ye, mpe misolo na ye na bolingo na solo mpona bazalani to baninga na ye.

Nazala na baninga ebele wuta bomwana na ngai. Liboso na ngai kokoma mondimi na Nzambe, Natalaka bosembo kati na baninga lokola bomoi na ngai. Nabanzaka ete kimoninga na biso ikoumela seko. Kasi na tango nazalaka na mbeto na ngai na mobeli mpona tango molayi, nakanisaka bolingo oyo kati na baninga yango mpe imbongwanaki kolandana na lifuti na bango moko.

Na ebandeli, baninga na ngai balukaka minganga malamu to ba kisi na motuya mpe bamemelaki ngai yango, kasi tango nazongelaki nzoto malamu soko te, batikaki ngai moko na moko. Na sima, baninga kaka moko natikalaki na bango bazalaka baninga na masanga mpe na masano. Ata ba wana bayaki epai na ngai te mpo ete balingaki ngai, kasi kaka mpo ete bazalaki na bosenga na bisika na kolekisa tango. Ata nan a bolingo na mosuni balobaki ete balinganaki, kasi na sima imbongwanaki.

Boni bini malamu ekozala soki baboti na bana na bango, bandeko mibali mpe na basi, baninga elongo na bazalani bakolukaka lifuti na bango moko te mpe bakotikala kobongola bizaleli na bango te? Soki boye, elakisi ete bazali na bolingo na molimo. Kasi na makambo mingi, bazali na bolingo oyo na molimo te, mpe bakoki kozwa esengo na solo na oyo te. Bakolukaka bolingo kati na bandeko na bango mpe b oyo zingazinga na bango. Kasi na lolenge bakokoba na kosalaka bongo, bakokobaka na posa na bolingo na koleka, na lolenge bazalaki komela main a monana mpona kosilisa mposa na bango.

Blaise Pascal alobaka ete ezali na lolenge kitoko na vacuum kati na motema na moto na moto oyo ikoki te kotondisama na eloko moko oyo ekelama, kasi kaka na Nzambe, Mokeli, oyo Ayebama na nzela na Yesu. Tokoki te koyoka esengo na solo mpe tonyokwamaka na lolenge na pamba kaka soki espace yango etondisami na bolingo na Nzambe. Bongo, yango elakisi ete kati na mokili oyo ezali na bolingo na molimo iye embongwanaka te? Soko te. Imonanaka tango nioso te, kasi bolingo na molimo izalaka solo. 1 Bakolinti chapitre 13 elimboleli biso likolo na bolingo na solo.

Bolingo ezali na motema petee, bolingo ezali na boboto, bolingo ezali na zua te; bolingo ezali na lolendo te, ekomibimbisaka te, ekosalaka na nsoni te, ekolukaka malamu na yango mpenza te, ezali na nkanda te, ekobombaka mabe na motema te; Ekosepelaka mpona masumu ten de ekosepelaka makambo na solo.Ekomemaka makambo nioso,ekondimaka nioso, ekolikyaka nioso, ekoyikaka nioso mpiko. (1 Bakolinti 13:4-7).

Nzambe Abengaka bolingo na lolenge oyo bolingo na molimo mpe na solo. Soki toyebi bolingo na Nzambe mpe tombongwani kati na solo, tokoki kozala na bolingo na molimo. Tika tozala na bolingo na molimo na oyo tokoki kolingana na motema na biso nioso mpe na ezaleli imbongwanaka te, ata soki ememeli biso lifuti te kasi eyokisi biso pasi.

Lolenge na Kotala Bolingo na Molimo

Ezali na bato ba oyo bandimaka ete balingi Nzambe. Mpona kotala lolenge ete tokolisi bolingo na solo na molimo mpe tokoolingaka Nzambe, tokoki kopima emotion mpe misala tozalaki na yango tango tokendaka na nzela na momekano na kopetolama, mpe minyoko. Tokoki biso moko komitala na lolenge nini tokolisi bolingo na solo, na kotalaka soki to te tosepelaka solo mpe tokopesaka matondi na mitema na biso mibimba to soki to te tokokobaka na kolanda mokano na Nzambe.

Soki tokomilela lela mpe tokoyoka mabe mpona likambo mpe soki tokoluka lolenge na mokili mpe tokotiela bato mitema, elakisi ette tozali na bolingo na molimo te. Etalisi kaka ette boyebi na biso na Nzambe izali kati na bongo, kasi boyebi oyo totiaka kati biso te. Kaka lolenge mosolo na contrefaçon imonanaka lokola mosolo na solo kasi yango ezali mpe kaka likasa na mbongo, bolingo oyo eyebana kaka lokola boyebi ezali solo te. Ezali na valeur moko te. Soki bolingo na biso mpona Nkolo ikombongwanaka te mpe soki tokomitika epai na Nzambe na likambo nioso mpe momekano na lolenge nioso, nde tokoka koloba ete tokolisi bolingo na solo yango oyo ezali bolingo na molimo.

"Bongo kondima mpe elikya mpe bolingo ezali koumela, yango misato.

Nde oyo ezali koumela kati na yango ezali bolingo."

1 Bakolinti 13:13

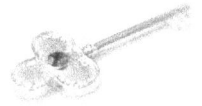

Eteni 2

Bolingo na Lolenge Na Chapitre na Bolingo

Chapitre 1 Lolenge na Bolingo Nzambe Alingaka

Chapitre 2 Ba lolenge na Bolingo

Chapitre 3 Bolingo na Kokoka

Lolenge na Bolingo oyo Nzambe Alikyaka

"*Ata nakolobaka na maloba na bato mpe na banje nde nazangi bolingo, nazali bobele ngonga ekobettaka ngaba ngaba to elonja ekolobaka ngbengbele ngbengbele. Ata mpe soko nazali kosakola mpe koyeba makambo nioso mabombami mpe makambo nioso na mayele, ata nazali na kondima nioso mpona kolongola ngomba, nde soko nazangi bolingo, nazali mpamba. Ata nakopalanganisa nioso ezali na ngai mpo na kopesaka makabo, ata nakopesa nzoto na ngai mpo na kotumbama, nde soko nazangi bolingo, nazwi litomba te.*"

1 Bakolinti 13:1-3

Oyo elandi ezali likambo isalemaka kati na orphelina na Africa na Ngele. Bana bakobaki na kokoma malady moko na moko, mpe babakisamaki. Kasi bakokaka koyeba te nini ezalaki kosalema. Orphelina ibengisaka minganga mingi oyo bakenda sango mpona kotala bango. Sima na kotala bango mpenza mpenza, monganga alobaki ete, "Na tango balamuki, mpe bakoyamba bana mpe bakotalisa bolingo epai na bango minute zomi."

Na kokamwa na bango, bokono ezanga tina ebandaki kolongwa bango. Ezali mpo ete bolingo na solo ezali oyo bana balingaki mingi koleka eloko nioso. Ata soki tosengeli ten a komitungisa likolo na misolo mpona kobika mpe tokobika kati na bofuluki, soki bolingo ezali te tokozala na elikya na bomoi to pos na kobika. Isengeli te koloba ete bolingo izali likambo na motuya koleka kati na bomoi na biso.

Motuya na Bolingo na Molimo

Chapitre zomi na misato na 1 Bakolinti, oyo ibengama Chapitre na Bolingo, yambo ibetisi sete likolo na motuya na bolingo liboso na kolimbola bolingo na mozindo. Ezali mpo ete soki tokolobaka na monoko na bato mpe na banje, kasi tozali na bolingo te, tokomi ngonga na makelele to elonja na ngabangaba.

'Minoko na bato' ilakisi te koloba na minoko na sika lokola moko na makabo na Molimo Mosantu. Ilobeli ba koto na bato nioso ba oyo babiki nan se na moi lokola englais, Japonais, Lifalansa, Kiruse, bongo na bongo. Ba civilization mpe boyebi mipesamaka na nzela na ba koto, nde wana tokoka koloba ete nguya na minoko izali monene. Na monoko tokoki mpe kopesa makanisi mpe ba emotion na oyo tokoki kosimba mpe koningisa mitema na bato ebele. Minoko na bato ebele izali na nguya na koningisa mpe nguya na kokokisa makambo ebele.

Maloba na banje ilakisi maloba kitoko. Banje bazali bikelamo na molimo mpe balakisaka 'bonzenga'. Tango bato misusu bakolobaka maloba kitoko na mingongo kitoko, bato bakolobela bango lokola banje. Kasi Nzambe Alobi ata maloba kitoko na bato to maloba kitoko lolenge na banje mizali kaka lokola ngonga to elonja ikosala makelele soki bolingo izali te (1 Bakolinti 13:1).

Solo, ebende na kilo na eteni na acier to ikopesaka makelele makasi te soki babeti yango. Soki eteni na cuivre ikobimisa makelele makasi, izali na eloko moo ten a kati to izali moke mpe pepele. Elonja ikosalaka makelele mingi mpo ete mizalema na eteni moke na ebende. Izali lolenge moko na bato. Tozali na talo ikokani na masangu ikomela malamu na tango tokomi bana na mibale mpe na basin a solo na Nzambe na kotondisaka mitema na biso na bolingo. Na bokeseni, ba oyo bazali na bolingo te bazali lolenge na matiti mabe. Mpona nini ezali bongo?

1 Yoane 4:7-8 elobi ete, "Balingami tolingana, moto moninga na ye, mpo ete bolingo euti na Nzambe mpe moto na moto oyo akolingaka asili kobotama na Nzambe mpe akoyebaka Nzambe. Nde, ye oyo akolingaka te, ayebi Nzambe te, mpo ete Nzambe Azali bolingo." Mingi ba oyo bazali na bolingo te bazali na eloko moko ten a Nzambe, mpe bazali kaka lolenge na matiti oyo ezali na nkona te kati na yango.

Maloba na baton a lolenge oyo izali na talo moko tea ta soki mazali kito to mpe malamu, mpo ete bakoka te kopesa bolingo na solo to bomoi epai na basusu. Kasi bakomemaka kaka yikiyiki epai na bato misusu lokola makelele na ngonga to na elonja, mpo ete mizali pepele mpe na eloko te kati na yango. Na loboko mosusu, maloba miye mizali na bolingo mizali na nguya makasi na kopesa bomoi. Tokoka komona bilembo na lolenge oyo kkati na bomoi na Yesu.

Bolingo na solo Ikopesaka Bomoi

Mokolo moko Yesu Azalaka kolakisa kati na Tempelo, mpe ba lakisi na Mibeko elongo na Bafalisai bamemaka muasi mokangemi kati na ekobo. Ata eteni na mawa ikokaki te komonana kati na miso na balakisi wana na Mibeko mpe Bafalisai bamemi na muasi yango.

Balobaki na Yesu ete, Motei mwasi oyo akangemi wana ezalaki kosala ye ekobo, kati na Mobeko Mose alaki ete ekoki koboma basin a lolenge oyo na mabanga; Yo Ozali koloba nini?" (Yoane 8:4-5)

Mobeko na Yisalele ezali Liloba mpe Mibeko na Nzambe. Ezali na eteni oyo elobi ete Bato na ekobo basengeli na kobomama na mabanga. Soki Yesu Alobaka ete basengelaki na koboma ye na mabanga kolandana na Mobeko, elakisi ete Azalaki kotelemela Liloba na Ye moko, mpo ete Alobelaki bato ete baling ata bayini na bango. Soki Alobaka ete balimbisa ye, ezalaki kobebisa Mobeko na polele.. Ezalaki kotelemela Liloba na Nzambe. Balakisi na Mobeko mpe Bafalisai batondisamaki na lolendo na kolobaka ete libaku malamu na kokitisa Yesu epesamelaki bango. Na koyebaka mitema na bango malamu mingi, Yesu Atalaki nan se mpe Akomaki na mabele na mosapi na Ye. Nde, sima Atelemaki mpe Alobaki ete, " "Tika ete ye oyo azangi lisumu kati na bino abwakela ye libanga liboso" (Yoane 8:7).

Na tango Yesu Akitaki nan se mpe Akomaki na lisapi na Ye, bato balongwaki moko na moko, kaka mwasi elongo na Yesu Ye moko nde batikalaki. Yesu Abikisaki bomoi na mwasi oyo na kobuka Mobeko te.

Na libanda, nini balakisi na Mobeko mpe Bafalisai bazalaka koloba ezalaki mabe te pamba te balobelaki kaka oyo Mobeko na Nzambe elobi. Kasi posa kati na maloba na bango ikesanaka mingi na oyo na Yesu. Bazalaki komeka kosala basusu mabe na tango Yesu Azalaki komeka kobikisa milimo na bato.

Soki tozali na motema na lolenge oyo na Yesu, tokobondelaka na kokanisaka likolo na maloba nini makoki kopesa makasi epai na basusu mpekomema bango kati na solo. Tokomeka kopesa bomoi na liloba moko na moko tokoloba. Bato bamekaka kondimisa basiusu na Liloba na Nzambe to bakomekaka kozongisa basusu na nzela na kotalisaka bosuki mpe mabe na bango oyo bango bakanisi ete izali malamu te. Ata soki maloba na lolenge oyo mazali malamu, makoki ten a komema mbongwana epai na bato misusu to mpe kopesa bomoi epai na bango, na tango maloba malobami na bozangi bolingo.

Bongo, tosengeli tango nioso komitala soko tozali koloba na boyebi mingi na biso mpe na solo oyo tofandisa mabe na makanisi, to soko maloba na biso mabimi kati na bolingo na bison a kopesa basusu bomoi. Bisika na maloba sukali, liloba oyo ifandisi bolingo na molimo ikoki kokoma main a bomoi mpona kosilisa mposa na main a milema, mpe mabanga na motuya maye makopesaka esengo mpe bolamu na milema kati na pasi.

Bolingo na Misala na Komikaba Mbeka

Na momesano 'masakoli elakisi kolobela makambo makoya. Kati na Biblia yango ilakisi koyamba motema na Nzambe na lisungi na Molimo Mosantu mpona likambo songolo mpe kolobela makambo makoya. Masakoli masalamaka na mokano na moto moko te. 2 Petelo 1:21 ilobi ete, "...Mpo esakweli moko te ebimaki na mokano na moto, kasi bato bauti na Nzambe balobi wana ezalaki bango kopusama na Molimo Mosantu." Likabo oyo na kosakola ipesamaka epai na moto nioso te. Nzambe Apesaka likabo oyo epai na moto nioso te. Nzambe Apesaka likabo oyo epai na moto oyo naino abulisami te, pamba te akoki kokoma na lolendo.

Likabo na kosakola, na lolenge na chapitre na bolingo na molimo izali likabo oyo ipesami na bato moke na motuya. Elakisi ete moto na moto oyo andimeli Yesu mpe abiki kati na solo akoki kolobela makambo makoya. Mingi mingi, tango Nkolo Akozonga na mapata, babikisami bakonetwama kati na mopepe mpe bakoingela kati na Elambo Na Libala na Mbula Sambo, na bokeseni ba oyo babikisami te bakonyokwama mbula Sambo na Monyoko Monene na mokili oyo mpe bakobwakama kati na Lifelo sima na Esambiseli na Ngwende Monene na Pembe. Kasi ata soki bana nioso na Nzambe bazali na likabo na masakoli na lolenge oyo na kolobela makambo makoya, bango nioso te bazali na bolingo na molimo. Na bongo, soki bazali na bolingo na molimo te, bakobongola bizaleli na bango na kolandaka lifuti na bango, nde bongo likabo na masakoli ikosunga bango na eloko moko te. Likabo yango moko ikoki ten a kolanda kokoleka bolingo.

Mabombami' awa matalisi sekele iye ibombamaka liboso na bikeke, yamgo ezali liloba na ekulusu (1 Bakolinti 1:18). Liloba na ekulusu ezali mokano na lobiko na bato, yango isalema na Nzambe liboso na bikeke nan se na BoNzambe na Ye. Nzambe Ayebaka ete moto akosumuka mpe akokweya kati na nzela na kufa. Mpona yango Abongisaka Yesu Christu oyo Akokoma Mobikisi ata liboso na bikeke. Kino tango mokano na oyo ikokisamaki, Nzambe Abatelaki yango sekele. Pona nini Asalaki bongo? Soki mokano na lobiko iyebanaka ikokaki te kokokisama likolo na mitungisi na moyini zabolo mpe Satana (1 Bakolinti 2:6-8). Moyini zabolo mpe Satana bakanisaki ete bakokoka kobatela mpona seko mpifo oyo bango bazwaki na maboko na Adamu soki babomaki Yesu. Kasi, ezalaki mpo ete batindikaki bato mabe mpe babomaki Yesu nde nzela na Lobiko ifungwamaki! Kasi, ata soki toyebi likamwisi eye monene, koyeba kaka isungi bison a likambo moko te soki tozali na bolingo na molimo te.

Ezali lolenge moko na boyebi. Awa mayebi nioso ilakisi mayebi na kelasi te. Ilakisi mayebi na Nzambe mpe solo kati na ba buku 66 kati na Biblia. Tango toyei koyeba likolo na Nxzambe kati na Biblia, tosengeli mpe koyeba Ye mpe kokutana na Ye na yambo mpe kondimela Ye kati na mitema na biso. Soko te mayebi na Liloba na Nzambe makotikala kaka lokola eteni na koyeba kati na bongo na biso. Tokoki ata kosalela mayebi yango na lolenge mabe, ndakisa, na kosambisaka mpe kokatelaka basusu mabe. Bongo, mayebi izangi bolingo na molimo mazali pamba.

Nini bongo soko tozali na bondimi monene boye oyo ezali na makoki na kotindika ngomba? Kozala na kondima monene ilakisi kaka te kozala na bolingo monene. Bongo, pona nini monene na kondima mpe oyo na bolingo mikokanaka soko moke te? Kondima ikoki kokola na komonaka bilembo mpe bikamwa mpe misala na Nzambe. Petelo amonaka ebele na bilembo mpe bikamwa kosalama na maboko ma Yesu mpe mpona yango akokaki mpe kotambola, ata mpona ngonga moko, likolo na main a tango Yesu Azalaka kotambola likolo na mai. Kasi na tango wana Petelo azalaki na bolingo na mmolimo te mpo ete naino ayambaki Molimo Mosantu te. Akataki naino ngenga na motema na ye ten a kolongolaka masumu mpe lokola. Bongo, tango bomoi na ye na sima itungisamaki, awanganaka Yesu mbala misato.

Tokoki kososola pona nini kondima na biso ikoki kokola na nzela na ba experience, kasi bolingo na molimo iyaka kati na mitema na biso kaka tango tozali na effort, komikaba, komikaba mbeka mpona bolongoli na masumu na biso. Kasi yango ilakisi te ete ezali na boyokani moko te kati na kondima na molimo mpe bolingo. Tokoki komeka kolongola masumu mpe tokoki komeka kolinga Nzambe mpe milimo mpo ete tozali na kondima. Kasi soki misala na kokokana na Nkolo mpe na kokolisa bolingo na solo te, mosala na biso mpona bokonzi na Nzambe ikozala na eloko moko ten a Nzambe ata mbala boni tokomeka kozala sembo. Ikozala kaka lolenge Yesu Alobaki ete, "Nakoyambola liboso na bato ete,'Nayebi bino soko moke te! Bolongwa na ngai, bino baton a misala na lofundo.'" (Matai 7:23).

Bolingo Iye Imemaka Lifuti na Lola

Na momesano, pembeni na suka na mbula, ba organization mingi mpe bato bapesaka misolo epai na ba company na bapanzi sango to makasa na ba sango mpona kosunga babola. Sasaipi, nini soki ba nkombo makotangama ten a makasa na ba sango to na bapanzi sango? Ikozala ete ba company to mpe bato mingi bakopesa lisusu misolo na bango te.

Jesus said in Matthew 6:1-2, Yesu Alobaki na Matai 6:1-2 ete, " "Bokeba ete bosala boyengebene na bino liboso na bato te mpona komonana na bango. Soko bongo, bokozwa libonza epai na Tata na bino te oyo Azali na likoko. Soko okopesa makabo na mawa, oyula mondule liboso nay o te lokola ekosalaka bakosi kati na biyanganelo mpe kati na nzela ete bato bakumisa bango. Nazali koloba na bino na solo ete bazali na libonza na bango." Soki tokosuka basusu mpona kozwa lokumu kowuta na bato, tokoki kokumisama mpona ngonga moko, kasi tokozwa libonza moko ten a Nzambe.

Epeseli oyo ezali kaka mpona komisepelisa te to komitalisa te. Soki moto akosala misala na kokabela kaka na momesano, motema na ye ikokoba na kotombwama na lolenge bakokoba na kopesa ye lokumu. Soki Nzambe Apamboli bato na lolenge oyo, akoka komitala été akoka na miso na Nzambe. Bongo, akotikala kokata ngenga na motema na ye te, nde akomisala mabe. Soki bokosalaka misala na kokaba na bolingo mpona bazalani na bino, bokomitungisa te soko bato bakotala bino to mpe te. Ezali mpo été bondimi été Nzambe Tata oyo Amonaka oyo bosali na nkuku Akofuta bino (Matai 6 :3-4).

Misala na kosunga bato kati na Nkolo izalaka kaka te mpona kopesa biloko masengeli na bomoi na bato, lokola bilamba, bilei, mpe ba ndako. Izali mingi lokola kopesa bilei na molimo mpona kobikisa milimo. Lelo, bazala bandimi kati na Nkolo to te, bato mingi balobaka ete mosala na egelesia izali kosunga babeli, babwakami, mpe babola. Izali mabe te, kasi mosala way ambo na egelesia izali koteya Sango Malamu mpe kobikisa milimo mpo ete bazwa kimya na molimo. Mosala na motuya na kokabela bato esuki na makambo eye.

Bongo, tango tokosungaka basusu, ezali motuya mingi kosala mosala esengeli na kosunga na kozwaka etambwiseli na Molimo Mosantu. Soki lisungi izanga tina ikopesamela moto songolo, ikoki kokomisa yango pasi te mpona moto yango amilongola mosika na Nzambe. Na likambo na mabe koleka, ikoki ata komema ye na nzela na kufa. Ndakisa, soki tokosunga ba oyo bakomi babola likolo na komela masanga mingi mpe kobetaka masano na misolo to ba oyo bazali na pasi mpo ete batelemelaki mokano na Nzambe, bongo lisungi ikomema bango kaka na nzela mabe mpe mosika koleka. Ya solo elakisi te ete tosengeli te kosunga ba oyo bazali mpe bandimi te. Tosengeli kosunga ba oyo bandimela te na kopesaka bolingo na Nzambe epai na bango. Tosengeli te kobosana été mosala wa yambo na kokabela bato ezali koteya Sango Malamu.

Mpoan maye matali bandimi na sika ba oyo bazali na kondima elemba, ezali motuya ete topesa bango makasi kino tango kondima na bango ikokola. Tango mosusu ata kati na ba oyo bazali na kondima makasi te, ezali na ba oyo bazali na bokakatani na mabota to bokono mpe basusu bakutana na makama epekisa bango bamilukela bango moko. Ezali mpe na mibange ba oyo babikaka bango moko to ban aba oyo basengeli na kosunga ndako mobimba mpo ete baboti bazali te. Baton a lolenge oyo bakoki kozala na bosenga makasi mpona misala na kokaba. Soki tokosunga baton a lolenge oyo ba oyo bazali kati na bosenga, Nzambe Akofulisa milimo na biso mpe akosala ete makambo nioso matambola malamu.

Kati na Misala 10, Kolonele azali ye oyo azwaki lipamboli. Kolonele azalaki kobanga Nzambe mpe asungaka mingi BaYuda. Azalaka Kapitene, mokonzi monene kati na mapinga na occupation kokonza na Yisalele. Na likambo na lolenge oyo isengelaki kozala pasi mpona ye kosunga bai mboka. BaYuda basengelaki na kozala ekenge na nini ye azalaka kosala mpona baton a mboka mpe baninga ba ye mpe basengelaki kopamela oyo ye azalaki kosala. Kasi, mpo ete azalaka kobanga Nzambe atikaka te misala malamu na kosunga bato. Nzambe Amonaka misala ma ye malamu sima na nioso, mpe Atindaki Petelo na ndako na ye mpo kaka ye moko to libota na ye na pembeni kasi ba oyo nioso bazalaki elongo na ye kati na ndako na ye bayamba Molimo Mosantu mpe lobiko.

Ezali kaka misala na kosunga nde misengeli kosalema na bolingo na molimo kasi mpe makabo epai na Nzambe. Na Malako 12, totangi likolo na mwasi mokufeli mobali oyo akumisamaki epai na Yesu mpo ete apesaki mabonza na motema na ye mobimba. Apesaki kaka makuta mibale na cuivre, yango izalaki nioso etikalaki na ye mpona kobika. Nde, pona nini Yesu Akumisaki ye? Matai 6:21 elobi ete, "Pamba te bisika ezali biloko nay o na motuya, motema nay o ekozala wana lokola." Lolenge elobama, tango mwasi mokufeli mobali apesaki biloko ma ye nioso na kobika, elakisi ete motema na ye mobimba epai na

Nzambe. Ezalaki elembo na bolingo mpona Nzambe. Na bokeseni, mabonza ipesami na kosua na motema to kozala na koyeba mpe kolanda maloba na bato misusu ikosepelisaka Nzambe te. Na bongo, mabonza na lolenge oyo makosunga mopesi te.

Tika sasaipi tolobela komikaba mbeko. Mpona kopesa nzoto na ngai mpona kotumbama ilakisi awa Komikaba mbeka na mobimba." Na momesano mbeka ipesamaka kati na bolingo, kasi makoki mpe kokomisa bolingo pamba. Nde, nini izali mbeka mipesami na bozangi bolingo?

Komilelalela mpona makambo kili kili sima na kosala mosala na Nzambe ezali elembo na komikaba mbeka na kozanga bolingo. Ezali tango obungisaki makasi na bino nioso, tango mpe misolo kati na misala na Nzambe, kasi moto moko te andimi to mpe atomboli yango nde na sima bokoyoka malamu te mpe komilela lela likolo na yango. Ezali tango bokomona baninga na bino basali mpe bokoyoka ete bazali na molende lokola bino t ata soki bakolobaka ete balingaka Nzambe mpe Nkolo. Bokoki ata komilobela kati na bino ete bazali na bolembu. Na suka ekozala kaka kosambisa mpe kokatela mabe lmpona bango. Ezalali oyo ebombi na kuku posa na kotalisa epai na basusu makambo bino bosala, kozwa lokumu kowuta na bango mpe komitalisa na lolendo na bosembo na bino. Komikaba mbeka na lolenge oyo ikoki kobebisa kimya kati na bato mpe komema motema pasi epai na Nzambe. Yango tina komikaba mbeka oyo ezangi bolingo ezali pamba.

Bokoki koyimayima na libanda ten a maloba. Kasi soki moto moko te andimi bino na bosembo na misala na bino, bokoyoka motema pasi mpe bokokanisa ete bozali eloko te mpe molende na nbino mpona Nkolo ikokoma malili. Soki moto moko atalisi mbeba na bino mpe bolembu kati na misala bosalaki na makasi na bino nioso, iye isalemaka ata na esika na komikaba mbeka bino moko, bokoki kolemba mpe kopamela ba oyo bazali kotonga bino. Soki moto azali kobota mbuma mingi koleka bino mpe azwi nkembo mpe lokumu na basusu, bokokoma na zua mpe bokoyokela ye likunia. Bongo, ata boni molende mpe moto bozalaki na yango, bokoka te kozwa esengo na solo kati na bino. Bokoka ata kotika mosala na bino.

Ezali mpe na basusu ba oyo bazali na molende kaka tango basusu bazali kotala bango. Tango batali bango epai na basusu te mpe balobeli lisusu bango te, bakozwa bolembu mpe bakosala mosala na bango na kotindikama to malamu te. Bisika na mosala oyo etalisami na libanda te, bakomeka kaka kokokisa mosala iye italisami makasi na miso na bato. Yango ezali mpona posa na bango na komitalisa epai na bakolo na bango mpe bato ebele mpona kozwa lokumu na bango.

Bongo soki moto azali na kondima lolenge nini akoki na komikaba mbeka soko na bolingo te? Ezali mpo ete bazangi bolingo na molimo. Bazangi lolenge na bokonzi na kondimelaka kati na mitema na bango nini Nzambe Azali kati na bango mpe bango kati na Ye.

Ndakisa, topima bisika wapi moloni moko asali elanga na ye moko mpe moto na mboka asali na elanga mosusu mpona lifuti ifutameli ye. Tango mokolo elanga asali kati na elanga na ye moko akotoko kobanda tongo kino butu makasi. Akokima mosala moko te kati na elanga mpe akosalaka mosala nioso na kozangisa te. Kasi tango mosali oyo asengeli na kofutama azwami mpona na elanga na moto mosusu, akobimisa energie na ye nioso te mpona mosala, kasi akolikya ete moi ekokota nde akoka kozwa lifuti na mosala na ye mpe azonga ndako. Likambo na lolenge moko isalemaka mpe mpona Bokonzi na Likolo mpe lokola. Soki bato bazali na bolingo moko te mpona Nzambe kati na mitema na bango, bakosalela ye kaka lolenge na bato bakamatami mpona lifuti na sima mosala. Bakoyima yima mpe koloba soki bazwi lifuti na bango lolenge balikyaki te.

Yango tina Bakolose 3:23-24 ilobi ete, Soko bozali kosala nini botia mitema na kosala bongo; lokola mpona kosalela bato te, kasi kosalela Nkolo. Mpo boyebi ete bokozwa libula lokola libonza na maboko na Nkolo. Bosalelaka Nkolo Kristu lokola baumbo." Kosunga basusu mpe komikaba mbeka na bozangi bolingo na molimo ezali na eloko moko ten a Nzambe, yango elakisi ete tokoki te kozwa libonza na Nzambe (Matai 6:2).

Soki tolingi komikaba mbeka na motema na solo, tosengeli kozala na bolingo na molimo kati na motema na biso. Soki motema na biso etondisami na bolingo na solo, tokoki kokoba na kokaba bomoi na biso epai na Nkolo na nioso tozali na yango, ata basusu bakondima biso to mpe te. Kaka lolenge bougie ipelisamaka mpe ingalaka kati na molili, tokoki kotika nioso tozalaka na yango. Na Boyokani na Kala, na tango nganga Nzambe azalaki koboma nyama mpona kokaba yango mbeka, bazalaki kotangisa makila na ye mpe kotumba mafuta na yango na moto na etumbelo. Nkolo na biso Yesu, lokola nyama oyo akabami mbeka mpona masumu na biso, atangisaka litanga na suka na makila ma ye mpe mai mpona kosikola bato nyoso na masumu na bango. Atalisaki biso ndakisa na komikaba mbeka na solo.

Pona nini mbeka ma ye isalema mpona kotika milimo na bato ebele bazwa lobiko? Yango ezali mpo ete mbeka na ye isalemaki kati na bolingo ekoka. Yesu Akokisaka mokano na Nzambe na kokaba bomoi na ye moko mbeka. Apesaka libondeli na motuya mpona milimo na bato ata na tango na suka na kobakama na ekulusu (Luka 23:34). Mpona komikaba mbeka oyo na solo,

Nzambe Atombola Ye mpe Apesa Ye ebonga na nkembo koleka na Lola.

Bongo, Bafilipi 2:9-10 elobi ete, "Yango wana Nzambe Anetoli Ye mingi mpe Apesi Ye nkombo likolo na Nkombo mosusu nyonso ete na nkambo na Yesu mabolongo nioso makumbama, yango na likolo mpe yango na mokili, mpe yango nan se na mokili."

Soki tobwaki moyimi mpe ba posa mabe mpe tokomikaba mbeka mpenza na motema ipetolamalolenge na Yesu, Nzambe akonetola biso mpe AAkokamba bison a ebonga itombwama. Nkolo na biso Alaka na Matai 5:8, ete, "Mapamboli na bapetolami na motema, pamba te bakomona Nzambe.

Bolingo oyo Itombwami likolo na Bosembo

Pasteur Yang Won Sohn abengamaka 'Bombe Atomique na Bolingo'. Atalisaka ndakisa na komikaba mbeka kati na bolingo na solo. Akambaka bato na maba na makasi ma ye nioso. Atiamaka mpe na boloko mpona koboya kongumbamela bisika na ekeko na bitumba na tango na Bai Japon bakonzaka Koree. Ata ete amikabaka mbeka mpona Nzambe, ayokaki ba sango mabe. Na sanza na octobre 1948, mibale na bana nba ye mibali babomamaki epai na ba soda na gauchiste kati na botomboki na bakonzi na ekolo.

Bato mosusu basengelaki koyima yima epai na Nzambe na kolobaka ete, "Soki Nzambe Azali na bomoi, lolenge nini Akokaki kosala ngai boye? Kasi Apesaki kaka matondi ete ban aba ye mibali mibale bazalaki na Lola na mopanzi na Nkolo. Lisusu, alimbisaki motomboki oyo abomaki bana na ye mibale mibale mpe azwaki ye kutu lokola mwana na ye moko. Apesaki matondi epai na Nkolo na ba lolenge libwa na matondi na matanga na bana na ye mibale, yango esimbaki mitema na bato ebele.

"Yambo, napesi mpo ete bana na ngai mibali bakomi babomami (martyre) ata soki babotamaki na makila na ngai, mpo ete natondisama na masumu.

Mibale, napesi matondi epai na Nzambe mpo ete Apesi ngai ya motuya mpo ete bazala libota na ngai kati na mabota na bandimi ebele.

Misato, napesi matondi ete muana na ngai way ambo mpe na mibale bakabamaki mbeka, ba oyo bazalaki kitoko koleka kati na bana na ngai misato na mibale mpe na basi.

Minei, ezali pasi mpona muana moko mobali kokoma mobomami, kasi mpona ngai kozala na bana mibali mibale ba oyo bakomi babomami, napesi matondi.

Mitano, ezali lipamboli kokufa kati na kimya na kondima kati na Nkolo Yesu, mpe napesi matondi ete bazwi nkembo na babomami na kobetama masasi mpe kobomama na tango na koteya Sango Malamu.

Motoba, bazalaki kobongama mpona kokende America mpona kotanga, mpe sasaipi bakei na Bokonzi na Lola, yango ezali esika malamu koleka America. Nazwi kimya mpe napesi matondi.

Sambo, napesi matondi epai na Nzambe oyo Apesi ngai nzela nakozwa lokola mwana na ngai, moyini oyo abomaki bana na ngai.

Mwambe, napesi matondi mpo ete nandimi ete ekozala na ba mbuma ebele na Lola na nzela na kobomama na bana na ngai mibale babali.

Libwa, Napesi matondi epai na Nzambe oyo asosolisi ngai bolingo na Nzambe kokoka na kosepela ata kati na mikakatano na lolenge oyo."

Mpona kokamba babeli, Pasteur Yang Won Sohn atikalaki kolongwa te, ata kati na etumba na Koree. Suka suka abomamaki na basoda communiste. Asungaki babeli ba oyo babwakamaki solo epai na basusu, mpe kati na boolamu asalelaki bayini oyo babomaki bana na ye mibale. Akokaki komikaba mbeka ye mpenza na lolenge esalaki ye mpo ete atondisamaki na bolingo na solo mpona Nzambe mpe milimo misusu.

1 Bakolointi 3:14 Nzambe Alobeli biso ete, "Likolo na oyo nioso bomilatisa bolingo oyo ezali ekanganeli ekoki mpenza." Ata soki tokolobaka maloba kitoko na banje, mpe tozali na makoki na kosakola mpe bondimi na koningisa ngomba, mpe komikaba biso moko mpenza mpona bazangi, misala izali likambo na kokoka ten a miso na Nzambe soko misalemi kati na bolingo na solo te. Sasaipi, tika tozinda kati na likambo moko na moko ifandisami kati na bolingo na solo mpona kokende kati na dimension izangi suka na bolingo na Nzambe.

Ba Lolenge na Bolingo

"Bolingo izali na motema petee, bolingo ezali na boboto, ezali na zua te; bolingo ezali na lolendo te ekomibimbisaka te, ekosalaka na nsoni te, ekolukkaka mallamu nna yango mpenza te, ezali na nkanda te, ekobombaka mabe na motema te. Ekosepelaka mpona masumu ten de ekosepelaka makambo na solo. Ekommemaka makambo nioso, ekolikyaka nioso, ekoyikaka nioso mpiko."

1 Bakolinti 13:4-7

Na Matai 24, tomoni likambo wapi Yesu Amilelaki mpona Yelusaleme, nakoyebaka ete ngonga na Ye ekomaki penepene. Asengelaki na kobakama na ekulusu kati na mokano na Nzambe, kasi na tango Akanisaki likolo na likama iye ekokweela Bayuda mpe Yelusaleme, Akokaki komikanga ten a komilelalela. Bayekoli bamitunaki mpona nini mpe batunaki motuka eye: Yebisa biso, nyoso oyo ekoya tango nini mpe elembo na komonana nay o mpe nsuka na ekeke ekozala nini? (eteni 3)

Bongo Yesu Alobelaki bango likolo na bilembo ebele mpe abetisaki sete ete bolingo ikokola malili: "Mpo ete mobulu ekoyikana mingi, bolingi na ebele ekoyeisama mpio" (Et 12).

Lelo, tokoki komona ete bolingo na ba mingi ikomisami malili. Bato mingi balukaka bolingo, kasi bayebi te nini bolingo na solo izali, mingi mingi bolingo na molimo. Tokoki te kozwa bolingo na solo kaka mpo ete tolingi yango. Tokoki kobanda na kozwa yango lolenge bolingo na Nzambe ikoya kati na motema. Tokoki nde bongo kobanda na kososola nini ezali mpe lisusu kobanda na kolongola mabe kati na motema.

Baloma 5:5 ilobi ete, "...Elikya oyo ekozimbisa biso te mpo ete bolingo na Nzambe esopani kati na mitema na biso mpo na Molimo Mosantu oyo Ye Apesi biso." Lolenge ilobami, tokoki koyoka bolingo na Nzambe na nzela na Molimo Mosantu kati na mitema na biso.

Nzambe Alobeli biso likolo na moko na moko na bolingo na molimo kati na 1 Bakolinti 13:4-7. Esengami na bana na Nzambe koyekola likolo na yango mpe kosalela yango mpo ete bakoka kokoma batindami na bolingo ba oyo bakoki na kotika na bato bayoka bolingo na molimo.

1. Bolingo Ikangaka Motema

Soki moko azangi kokanga motema, kati na ba lolenge nioso na bolingo na moolimo, akoki na pete kolembisa basusu. Toloba ete mokambi apesi mosala nokinoki epai na moto songolo, mpe moto yango asali yango malamu te. Nde, mokambi akopesa mosala epai na moto mosusu mpona kosilisa yango. Moto na ebandeli oyo mosala epasamelaki ye akoki kokweya na koyimayima mpo ete libaku na mibale epesamelaki ye te mpona komeka kosala malamu. Nzambe Atia kokanga motema lokola lolenge yay ambo na bolingo na molimo mpo ete ezali moboko mpona kokolisa bolingo na molimo. Soki tozali na bolingo, kozela ekozala na kolembisa te.

Soki tososoli bolingo na Nzambe, tokomeka kokabola bolingo yango na bato pembeni na biso. Tango mosusu tomekaka kolinga basusu na lolenge oyo, tozwaka ba reaction kilikili epai na bato oyo bakoki solo kozokisa mitema na biso to komema kobungisa mpe kokoso makasi epai na biso. Nde, bato wana bakomonana lisusu malamu te, mpe tosengelaki lisusu kososola bango malamu te. Kozala na bolingo na molimo, tosengeli kozala na patience mpe kozala na bolingo epai na bato wana. Ata soki bakoseli biso makambo, bayini biso, to bakomeka komema biso kati na minyoko na tina moko te, tosengeli kokamba makanisi na biso mpe kokanga motema mpe kolinga bango.

Mondimi na egelesia asengaka ngai nabondela mpona depression na mwasi na ye. Alobaki mpe ete azalaki molangwi masanga mpe soki abandi komela akokoma moto na yawuli mpe akomema kokoso makasi epai na ba oyo na libota na ye. Kasi mwasi na ye azalaki kokanga motema likolo na ye na tango nioso mpe amekaka kozipa ba mbeba na ye kati na bolingo. Kasi bizaleli na ye mimbongwanaka te, mpe na boleki na tango akomaka moto na milangwa. Mwasi na ye abungisaki makasi na we mpona kobika mpe alongamaki na depression.

Apesali pasi makasi na libota na ye mpona komela na ye masanga, kasi ayaka koyamba libondeli na ngai mpo ete alingaka kaka mwasi na ye. Sima na koyoka lisolo na ye, nalobelaki ye ete, 'Soki solo olingaka mwasi nay o, nini ezali mpenza pasi mpona kotika makaya mpe masanga?" Azongisaki liloba moko te mpe azangaki nguya. Nayokaka mawa mpona libota na ye. Nabondelaki mpo ete mwasi na ye abika na depression, mpe nabondelaki mpo ete azwa nguya na kotika makaya mpe masanga. Nguya na Nzambe ezalaki kokamwisa! Akokaki kotika kokanisa likolo na makaya mpe na masanga kaka sima na koyamba libondeli. Liboso na wana ezalaki na nzela moko te mpona kotika komela, kasi atikaki kaka mbala moko sima na koyamba libondeli. Muasi na ye mpe abikaki na depression mpe lokola.

Kokanga Motema Ezali Ebandeli na Bolingo na Molimo

Kokolisa bolingo na molimo, tosengeli na kokanga motema mpona basusu na likambo na lolenge nioso. Boyokaka mabe kati na koyika mpiko na bino? To, kati na lisolo na mwasi, bokolembaka soki bokangaka mitema na tango molayi mpe likambo izali kombongwana soko moke te? Nde, liboso na kobanza komilela mpona ba circonstance to bato misusu, tosengeli naino kotala mitema na biso. Soki tokolisaki solo kati na mitema na biso, ekozala na situation moko te oyo tokoka kokanga motema te. Mingi mingi, soki tokoki kokanga motema te, elakisi ete motema na biso ezali naino na mabe kati na yango, yango euti na solo te, na lolenge moko tozangi kokanga motema.

Kokanga motema elakisi ete toyebi komikangela mitema mpe bakokoso nioso oyo tokutani na yango na tango tokomeka kotalisa bolingo na solo. Ekozala na makambo na pasi tango tokomeka kolinga bato nioso na kotosaka Liloba na Nzambe, mpe ezali kokanga motema na bolingo na molimo mpona kokanga motema na makambo mana nioso.

Patience oyo ikesani na patience na lolenge na moko na makabo libwa na Molimo Mosantu kati na Bagalatia 5:22-23. Lolenge kani ikesana? Kokanga motema lokola moko na makabo libwa na Molimo Mosantu isengi na biso tokanga motema mpona makambo nioso matali bokonzi mpe bosembo na Nzambe tango kokanga motema kati na bolingo na molimo ezali kokanga motema mpona kokolisa bolingo na molimo, mpe bongo ezali na tina makasi mpe malamu koleka mpenza. Tokoki koloba ete ezali kati na kokanga motema lokola moko na makabo libwa na Molimo Mosantu.

Na mikolo oyo, bato bamesana kofundana mpe komema convocation soki basali kaka moke kati na lopango na bango to na bolamu na bango. Ezali na mbula na kofundana kati na bato. Mbala mingi bakofundaka basi to mpe mibali na bango, to mpe baboti to bana na bango moko. Soki bokoyeba kokanga motema mpona basusu, bato bakoki ata koseka yon a kolobaka ete bozali bazoba. Kasi Yesu Aloba nini?

Ilobama kati na matai 5:39 ete, "Nde Ngai Nazali kolobela bino ete,'Botelemela mabe te; kasi soko nani akobeta yon a litama na mobali, pesa ye mpe oyo mosusu." Mpe na Matai 5:40 "Mpe na ye oyo alingi kofunda yo mpona elamba nan se, akamata mpe elamba na libanda lokola."

Yesu Alobeli biso ete tozongisa mabe na mabe te, kasi toyeba kokanga motema. Alobeli biso mpe ete tosala bolamu mpona bato oyo bazali mabe. Tokoki kokanisa ete, lolenge kani tokoki kosalela bango malamu soki tozoki mpe tozali na nkanda mingi? Soki tozali na kondima mpe bolingo, tozali na makoki eleki na kosalela yango. Ezali kondima kati na bolingo na Nzambe oyo Apesa biso Mwana na Ye se moko na likinda lokola mbeka na masumu na biso. Soki tondimi ete tozwa bolingo na lolenge oyo, nde tokoki kolimbisa ata bato oyo bamemela biso pasi makasi mpe ba pota . Soki tolingi Nzambe oyo Alinga biso kino na esika na kopesa Mwana na Ye se moko mpona biso, mpe soki tokolinga Nkolo oyo Apesa biso bomoi na Ye, tokokoka kolinga moto nioso.

Kokanga Motema oyo Ezanga suka

Basusu bakangaka koyina na bango, kanda, to moto moto mpe ba emotion misusu misengela te kino tango bakokoma na bosuki na kokanga mitema na bango mpe suka suka bakopasuka. Bato misusu oyo balobaka mpenza te kasi banyokwamaka kaka kati na mitema na bango, mpe yango ikomemaka kati na kokoso kati na nzoto likolo na stress ebele. Kokanga motema na lolenge oyo izali lokola kofina ebende na maboko na bino moko. Soki bolongoli liboko na bino ebende na resort ekopinbwa.

Lolenge na kokanga motema oyo Nzambe Alukaka biso tozala na yango ezali ete tokangaka motema kino suka na kobongola bizaleli te. Mpona bososoli malamu, soki tozali na kokanga motema na lolenge oyo, tosengeli ata te kokanga motema mpona eloko moko te. Tokofandisa koyina to motema mabe moko te kati na biso, kasi tokolongola nature mabe oyo ememaka bison a motema makasi boye mpe kobongola yango na bolingo mpe bomoto. Yango ezali tina mpenza na kokanga motema na molimo. Soki tozali na mabe moko te kati na mitema na biso kasi kaka bolingo na molimo na bokoki, ekozala pasi na kolinga ata bayini na biso te. Solo, tokondima at ate mpona koyinana moko ekola kati na biso.

Soki motema na biso etondisami na koyina, koswana, posa mabe, mpe zua, tokomona naino mabe na bato mosusu, ata soki soki bazali na mitema malamu. Ezali lokola bolati manetti moindo makambo nioso makkomonana moindo. Na loboko mosusu, soki motema na biso itondisami na bolingo, bongo ata bato oyo basalaka na mabe bakomonana kaka kitoko. Ata soki bosuki na bango izali boni, kozanga, mabe to bolembu oyo bakoki kozala na yango, tokoyina bango te. Ata soki bayinaki biso mpe basalaki na mabe epai na biso, tokozongisela bango koyina te.

Kokanga motema ezali mpe motema na Yesu oyo abukaka nzte elembi to to mpe Akozimisa litombe te.' Ezali lolenge na motema na Setefano oyo abondelaki ata mpona ba oyo bazalaki koboola ye mabanga nakolobaka ete, 'Nkolo tangelo bango lisumu oyo te!" (Misala 7:60) Babetaki ye mabanga kaka mpona koteya Sango Malamu epai na bango. Bongo ezalaki pasi mpona Yesu Alinga basumuki? Soko te! Mpo ete motema na Ye ezali solo mpenza.

Mokolo moko Petelo Atunaki motuna epai na Yesu."Nkolo, Soko ndeko na ngai akosalela ngai mabe nalimbisa ye mbala boni? Kino mbala nsambo? (Matai 18:21) Yesu Azaongi ete, "Nalobi nay o te kino mbala nsambokasi kino nsambo mbala ntuku nsambo." (et.22).

Yango elakisi te ete tosengeli kolimbisa kaka mbala ntuku sambo na nsambo, oyo ezali mbala 490. Sambo ezali na limbola na molimo oyo elakisi bokoki. Bongo, kolimbisa mbala ntuku sambo na nsambo etalisi bolimbisi na kokoka. Tokoki koyoka bolingo mpe bolimbisi na Yesu oyo ezanga suka.

Kokanga Motema oyo ekokisaka bolingo na Molimo

Ya solo elingi koloba te ete na butu moko tokoki kobongola koyina na biso na bolingo. Tosengeli kokanga motema mpona tango molayi, na kotika te. Baefese 4:26 elobi ete,: ''Boyoka nkanda nde na lisumu te ; tika te ete moi elimwa naino bozali na nkanda na bino.''

Awa elobi 'Boyoka nkanda' na kolobela ba oyo na kondima makasi te. Nzambe Alobeli bato oyo été ata soki bazwi nkanda mpona bozangi na kondima na bango, basengeli te kobatela kanda na bango kino moi ekokota, yango, mpona 'tango molayi', kasi batika makanisi mana malongwa. Kolandana etape kati na kondima na moko na moko, ata soki moto azali na nkanda na motema, soki akomeka kolongola makanisi mana kati na kokanga motema mpe molende, akoki kobongola motema na ye kati na solo mpe bolingo na molimo ikokola moke moke kati na motema na ye.

Lolenge moko mpona mosisa na masumu eye isi izindisami kati na motema, moto akoki kolongola yango na kobondelaka makasi na kotondisama na Molimo Mosantu. Ezali motuya makasi ete tomeka kotala bato tolingaka ten a bolamu mpe totalisa bango misala na bolamu. Soki tokosalaka bongo, koyina kati na motema na biso ikolimwa na kala te, nde tokokoka kolinga bango. Tokozala na kobendana te mpe ekozala na moto moko te oyo tokoyina. Tokokoka mpe kobika bomoi na esengo na lolenge na Lola kaka lolenge Nkolo Alobaki été, "Tala, Bokonzi na Nzambe ezali kati na bino » (Luka 17 :21).

Bato balobaka ete ezali lokola bazali kati na Lola na tango bazali mpenza na esengo. Lolenge moko, Bokonzi na likolo ebelemi kati na bino elakisi bino kolongola bosolo te nioso kati na motema na bino mpe kotondisa yango na solo, bolingo mpe bolamu. Bongo bosengeli ten a kokanga motema, mpo ete bozali tango nioso na esengo mpe na sai mpe botondisami na ngolu, mpe mpo ete bolingi bato nioso pembeni na bino. Na mingi bokolongola mabe mpe botondisi bolamu kati na mitema, bozali na bosenga na kokanga mitema te. Na lolenge bokokokisa bolingo na molimo, bosengeli ten a kokanga motema na kobomba oyo bozali koyoka. Bokokoka kokanga motema kati na bolingo, mpe kozela basusu bambongwana.kati na bolingo. Na Lola mpinzoli, mawa, mpe pasi, mizali te. Mpo ete mabe ata moko te ezali kuna, kasi kaka bolamu mpe bolingo na Lola, bokoyina moto moko te, kozwa kosilikela moto te. Bongo, bongo bokoluka komikanga te to kotala bizaleli na bino. Ya solo Nzambe na biso asengeli kokanga motema na eloko moko te mpo ete Azali mpenza bolingo. Ntina na Biblia koloba ete 'bolingo ekangaka motema' ezali mpo biso bato, tozali na molema mpe makanisi mpe solo tomisalela. Nzambe Alingi kosunga bato basosola. Na mingi bokobwakisa mabe moke bokozala na bosenga na kokanga motema.

Kokomisa moyini moninga na nzela na kokanga motema

Abalayama Lincoln, president na zomi na motoba na America, mpe Edwin Stanton bazalaka koyokana ten a tango bazalaka ba avocet. Stanton awutaka na libota na bazwi minene mpe azwaka education kitoko mingi. Tata na Lincoln azalaka mosali sapatu mobola mpe asilisaka ata kelasi elementaire te. Stanton azalaka koseka Lincoln na maloba makasi. Kasi Lincoln atikalaka kosilika te, mpe atikala kozongisela ye na motema nkanda te. Sima na Lincoln kozwa ebonga na ekolo lokola president, atiaka Stanton lokola secretaire na mambi matali Bitumba, yango ezalaka moko na ebonga eleki kati na mbula matali. Lincoln ayebaka été Stanton azalaki ye oyo asengeli. Sima, na tango Lincoln abetamaki masasi na theatre Ford, bato mingi bakimaki na kobatela bomoi na bango. Kasi Stanton akimaki mbala moko esika ezalaki Lincoln. Na kokanga Lincoln na maboko ma ye mpe na miso ma ye matondisama mai, alobaki ete, "Awa elali moto monene koleka na miso na mokili mobimba. Azali leader aleki na lisituale na bato."

Kokanga motema na bolingo na molimo ekoki komema bikamwa mpona kobongola bayini na baninga. Matai 5:45 elobi ete, "...Bongo bokozala bana na Tata na bino na likolo, pamba te Akobimisa moi na Ye mpona bato malamu mpe bato mabe, mpe Akonokisa mbula na bayengebeni mpe na bapengwi."

Nzambe Akangaka motema ata na bato oyo bakosalaka mabe, na kolukaka ete bambongwana na mikolo moko. Soki tosaleli bato mabe na mabe, elakisi ete tozali mpe mabe, kasi soki tozali na kokanga motema mpe na bolingo epai na bango na kotalelaka Nzambe oyo Akofuta biso, tokozwa sima bisika kitoko na kobika na Lola (Nzembo 37:8-9).

2. Bolingo ezali na bolamu

KKati na masapo na Aesop ezali na lisolo na moi mpe mopepe. Mokolo moko moi mpe mopepe babetaki gazon na nani akozala ya yambo mpona kolongola elemba na likolo na oyo akoleka liboso. Mopepe akendaki liboso, mpe na kobeta tolo mpe atindaki mpenza mopepe makasi ekoki mpona kopikola nzete. Moto yango amizipaki makasi koleka na elamba na ye. Elandi, moi, na koseka na elongi na ye, abimisaki na malembe moi kitoko. Na lolenge molunge eyaki, moto ayokaki molunge mpe alongolaki elamba na ye.

Lisapo oyo epesaki na biso toil malamu mingi. Mopepe emekaki komema moto na makasi mpona ete alongola elamba kasi moi moi ememi ye na kolongola ye moko. Bolamu ezali likambo na lolenge eye. Bolamu ezali kosimba mpe kolonga mitema na bato kasi na makasi na nzoto te, kasi na bolamu mpe bolingo.

Bolamu Ikondimaka Moto Na Lolenge Nioso

Ye oyo azali na bolamu akoki kondima moto na lolenge nioso, mpe bato mingi bakoki kopema na esika na ye. Dictionnnaire elimboli bolamu lokola makoki na kozala malamu mpe kozala malamu ezali ezaleli na koyamba kati na motema. Soki okokanisa likolo na eteni na coton, bokoki kososola bolamu malamu. Coton esalaka makelele moko te ata na tango biloko misusu etuti yango. Ikoyambaka kaka biloko misusu..

Lisusu, moto na malamu azali lokola nzete wapi bato mingi

bakoki kopemisa nzoto. Soki bokei nan se na nzete monene na mokolo na molunge makasi mpona kokima kongala na moi, bokoyoka malamu koleka mpe malili. Lolenge moko, soki moto azali na motema malamu, bato mingi bakoluka kozala na ngambo na ye mpe kozwa bopemi.

Na momesano, tango moto azali mpenza malamu mpe na bopolo ete azwaka kanda na oyo atumboli ye te, mpe akotelema mpona makanisi ma ye moko te, elobamaka ete azali na bopolo mpe na motema malamu. Kasi ata soki bopolo mpe bolamu na ye ezali lolenge nini, soki yango endimami na Nzambe te, ekoki te kolobama ete azali mpenza na bopolo. Ezali na basusu oyo bakotosaka malamu kaka mpo ete lolenge na bango ezali bolembu mpe komikanga. Ezali na basusu oyo bakobombaka bizaleli na bango ata soki bazali na kanda na kati na tango basusu bamemeli bango kokoso. Kasi bakoki te kondimama malamu. Bato oyo bazali na mabe te kasi bazali kaka na bolingo kati na motema bandimaka mpe basalelaka bato mabe na bopolo na molimo.

Nzambe Azali Na Bosenga na Bolamu na Molimo

Bolamu na molimo ezai eyano na kotondisama na bolingo na molimo na kozala na mabe moko te. Na bolamu na lolenge oyo bokotelemela moto moko te kasi bokondima ye, ata pamba ye azali. Lisusu, bokokanga motema mpo ete bozali na mayele. Kasi tosengeli kokanisa ete tokoki te kondimama malamu kaka mpo ete tozali kosososla mpe kolimbisa basusu mpe tozali na bolamu epai na bato nioso. Tosengeli mpe kozala na bosembo, bokonzi mpe mpifo mpona kokoka kokamba mpe komema basusu.

Bongo, bolamu na molimo ezali kaka malamu te, kasi mpe mayele mpe na bomoto. Moto na lolenge oyo akobika lokola ndakisa. Mpona bolimboli malamu likolo na bolamu na molimo, ezali kozala na bopolo kati na motema mpe na libanda mpe lokola.

Ata soki tozali na motema malamu oyo ezali na mabe te kaka na bolamu, soki tozali kaka na bopolo na libanda, yango kaka ekoka te komema bison a koyamba mpe kozala na influence malamu epai na basusu. Bongo, soki tozali kaka na bolamu na kati te, kasi mpe bizaleli na libanda na bomoto, bolamu na biso ikoki na kokokisama mpe tokotalisa nguya makasi. Soki tozali na bokabi elongo na motema malamu, tokoki kolonga mitema na bato ebele mpe kokokisa mingi koleka.

Moto akoki kotalisa bolingo na solo epai na basusu tango azali na bolamu mpe motema malamu, kotondisama na mawa na bato, mpe bizaleli na kokaba mpona kokoka komema basusu na nzela esengeli. Bongo, akoki komema milimo ebele na nzela na lobiko, yango ezali nzela malamu. Bolamu na kati ekoka te kongala soki bizaleli na kokaba ezali te. Sasaipi, tika totala sik'awa nini tosengeli kosala mpona kokolisa bolamu na kati.

Epimeli na Kopima Bolamu na Kati Ezali Kobulisama

Mpona kokokisa bolamu, yambo, tosengeli kolongola mabe kati na motema mpe kobulisama. Motema malamu ezali lokola coton, mpe ata soki moto akosalaka na mobulu, ekobimisa makelele moko te, kasi ekoyambaka ye. Moto na motema na lolenge oyo azalaka na mabe moko te mpe awelanaka na bato misusu te. Kasi soki tozali na motema mbeli na koyina, zua, mpe likunia to motema libanga na komilongisa mpe makanisi tifandisa lokola bosolo, ekozala pasi mpo ete toyamba baninga.

Soki libanga ekwei mpe ebeti mosusu eleki monene to aloko na ebende monene, ikosala makelele mpe ikokweya. Na lolenge moko, soki bo ngai na bison a mosuni izali naino na bomoi, tokotalisa sentiment na biso na koyoka malamu te ata soki basusu basusu bakomemela biso kaka kokoso moke. Tango bato bandimami lokola ba oyo bazali na bosuki na bizaleli malamu mpe na ba mbeba misusu, tokoki mpe kozipa te, kobatela to kososola bango kasi tokoki kosambisa, kokatela, kotonga mpe kokosela bango makambo. Nde elakisi ete tozali lokola sani moke, oyo ikosopana soki bomeki kotia eloko kati na yango.

Ezali motema moke oyo etondisami na makambo mingi na bosoto ezali lisusu na esika na kondima eloko moko te. Ndakisa, tokokikoyoka malamu te soki bato mosusu batalisi mbeba na biso. To, soki tomoni basusu koloba na nse,, tokoki kokanisa été bazali kolobela biso mpe komituna nini bazali koloba. Tokoki ata kosambisa basusu kaka mpo été babwakeli biso miso.

Na kozala na mabe moko te na motema ezali moboko na makambo mpona kokolisa bolamu. Tina ezali ete tango ezali na mabe moko te tokoki kolinga basusu kati na motema na biso mpe tokoki kotala bango na nzela na bolamu mpe bolingo. Moto na bolamu atalaka basusu na mawa mpe mtema na kosunga na tango nioso. Azalaka na likanisi na kosambisa te to mpe kokatela basusu; Akomekaka kaka kososola basusu na bolingo mpe bolamu, mpe ata motema mabe na bato ikombogwana na boyambi na ye.

Ezali mpenza na motuya ete ba oyo bazali koyekolisa mpe

kotambwisa basusu basengeli kosantisama. Na lolenge oyo bazali na mabe, bakosalela makanisi na bango na mosuni. Na lolenge wana moko, bakoki kososola malamu likambo na etonga, bongo bakozala na makoki na kotambwisa milimo na baton a matiti mobeso te mpe mai malamu. Tokoki kozwa kotambwisama na Molimo Mosantu mpe kososola likambo na etonga malamu mpona komema bango na nzela esengeli kaka na tango oyo tosantisami. Nzambe Akoki mpe kondima ba oyo babulisami mpenza ete bazala mpe malamu. Baton a lolenge na lolenge bazali na standard na bango likolo na baton a lolenge nini bazali malamu. Kasi bolamu namiso na bato mpe oyo na miso na Nzambe mikeseni mpenza.

Nzambe Andimaki bolamu na Mose

Kati na Biblia, Mose andimamaka na Nzambe mpona bolamu na ye. Tokoki koyekola boni motuya ezali mpona kondimama epai na Nzambe kobanda na Mituya 12. Na tango ndeko na Mose Alona mpe ya mwasi Miriama batongaki Mose mpona kobala mwasi na Cush.

Mituya 12:2 etalisi ete, "...Bamgo balobaki ete, 'Yawe Alobaki bobele na monoko na Mose solo? Ye alobaki na monoko na biso lokola te? Yawe mpe Ayokaki yango.

Nini Nzambe Alobaki mpona oyo bango balobaki? " "Nakosololaka na ye na miso na ye polele, na mabombami te, mpe ye akotalaka elilingi na Yawe. Na bongo bobangaki koloba mabe na ntina na moombo na ngai Mose mpo na nini? (Mituya 12:8)

Maloba na kosambisa na Alona na Miriama mamemaki nkanda na Nzambe. Mpona yango Miriama akomaki na mbala.

Alona azalaki lokola molobeli na Mose mpe Miriama azalaka mpe mokambi kati na etonga. Na kokanisaka ete bango mpe balingamaka mpe bandimamaka na Nzambe, na tango bakanisaka ete Mose asalaka likambo na mabe batongaki ye na mabala moko mpona yango. Nzambe Andimaki elobeli na Alona mpe Miriam ate na kokatelaka Mose kolandana na lolenge na bango moko. Moto na lolenge nini ezalaki Mose? Andimamaka na Nzambe lokola moto na bopolo koleka bato nioso na mokili mobimba. Azalaki mpe sembo na ndako mobimba na Nzambe. Azalaki mpe sembo na ndako mobimba na Nzambe, nde mpona yango andimamaki na Nzambe mingi koleka ete akokkaki ata kosolola na Nzambe monoko na monoko.

Soki tokotala na likambo etali bana na Yisalele kobima na Ejipito mpe kokendaka na mabele na Kanana, tokoki kososola mpona nini bondimi na Yawe epai na Mose ezalaki monene mingi. Bato oyo babimaki na Ejipito basalaka masusu mbala na mbala, na kotelemelaka mokano na Nzambe.Na tango nioso bazalaka koyimayima Mose azalaka kolela mawa na Nzambe.

Ezalaka na likambo oyo etalisaki mpenza bolamu na Mose. Na tango Mose azalaki likolo na ngomba na Sinai mpona kozwa Mibeko, bato basalaki nzambe na ekeko- ngoombe na wolo- mpe baliaki, bamelaki mpe bamikotisaki na makambo na pamba pamba na tango bazalaki kongumbamela yango. Baejipito bazalaki konngombamela nzambe lolenge na ngombe mobali to muana ngombe, mpe balandaki lolenge yango. Nzambe Atalisaki bango ete azalaki elongo na bango mbala na mbala, kasi batalisaki elembo moko ten a mbongwana. Suka suka, kanda na Nzambe ekwelelaki bango. Na ngonga oyo Mose abondelaki na tina na bango na bomoi na ye nioso: " "Nde sasaipi, soko olingi kolimbisa lisumu na bango-; kasi soko boye te nabondeli Yo ete Olongola nkombo na ngai na mokanda mokomi Yo. (Esode 32:32)

Buku na Yo mokomi Yo italisi buku na bomoi oyo ekomi ba nkombo na ba oyo babikisami. Soki nkombo nay o elongolami kati na buku na bomoi, okoki kobikisama te. Elakisi te kaka ete okozwa lobiko te, kasi elakisi ete osengeli konyokwama na Lifelo mpona libela. Mose ayebaka likolo na bomoi mpe kufa malamu mingi, kasi alingaka kobikisa bato ata soki esengelaki na ye kopesa lobiko na ye mpona bango. Motema na lolenge oyo na Mose ezalaki lolenge moko na motema na Nzambe oyo alingi moto moko te akufa.

Na Nzela na Mimekano Mose Akolisaka Bolamu

Ya solo, Mose azalaka na bolamu oyo wuta ebandeli te. Ata soki azalaka Moebele akolisamaki lokola muana na mwasi mokonzi na Ejipito mpe azangaka elokomoko te. Azwaka education na kelasi na likolo eleki na Ejipito mpona boyebi mpe kobunda etumba. Azalaka mpe na lolendo mpe bon gai ebele. Mokolo moko, Moejipito azalaki kobeta Moebele mpe na bon gai na ye moko, abomaki Moejipito oyo.

Mpona oyo akomaki molukami na mokolo moko. Libaku malamu, akomaka mokengeli bam pate kati na lisobe na lisungi nan ganga Nzambe na Madian, kasi abungisaki nioso. Kobatela bam pate ezalaki eloko oyo Baejipito bamonaka nan se mingi. Mpona mbula ntuku minei asengelaki kosala oyo ye atalaka nan se mingi. Na ngonga moko amikitisaka mpenza, na kososolaka makambo mingi likolo na bolingo na Nzambe mpe bomoi.

Nzambe Abiagaka Mose te, oyo azalaki Mokonzi na Ejipito, mpona kozala mokambi na baton a Yisalele. Nzambe Abengaki Mose mobateli mpate oyo amikitisaka mbala mingi nata na kobiangama na Nzambe. Amikitisaki mpenza, pe alongolaka mabe kati na motema na ye na nzela na mimekano, mpe mpona tina na yango akokaki kokamba mibali koleka 6000,000 kolongwa Ejipito kino mabele na Kanana.

Bongo ya motuya na kobalola elanga na bplamu ezali ete tosengeli kokolisa bolamu ezali ete tosengeli kokolisa bolingo mpe bolamu kati na komikitisa liboso na Nzambe kati na momekano iye epesameli na biso tolekela. Monene na komikitisa na biso ekomema bokeseni kati na bolamu na biso mpe lokola. Soki tosepeli na lolenge na bison a lelo na kokanisaka ete tokolisi solo na lolenge moko mpe tondimami epai na basusu lokola likambo na Alona mpe Miriama, tokokoma kaka baton a lolendo.

Boboto Lokola Likambo Malamu Ikokisaka Bolamu na Molimo

Mpona kokokisa bolamu na molimo tosengeli kaka te kosantisama na kolongolaka mabe na lolenge nioso, kasi tosengeli mpe kokolisa boboto na bizaleli. Boboto na bizaleli ezali bososoli monene mpe kondima basusu ndenge esengeli; kosala mabi masengeli kolandana na mosala na moto; mpe ezali kozala na ezaleli mpona kondima basusu bapesa mpe bakaba mitema na bango, nan a kososolaka bosuki na bango mpe kondima bango, mpe na makasi na nzoto te. Bato ba oyo bazali na lolenge oyo basengeli kolinga mpona komema confiance mpebondimi kati na basusu.

Ezaleli na kokaba ezali lokola elamba oyo bato balataka. Ata tozali malamu na lolenge nini na kati, soki tozali bolumbu, tokotalama mpemba epai na basusu. Na lolenge oyo, ata bolamu nini tozali na yango, tokoka te solo kotalisa talon a malamu na biso soko tozangi bizaleli na kokabela. Ndakisa, moto azali malamu na kati, kasi alobaka makambo mingi na pamba pamba na tango azali kosolola na basusu. Moto na lolenge oyo azali na makanisi mabe te tango asali bongo, kasi akoki solo kondimama epai na basusu mpo ete amonani na bizaleli malamu te to na kolakisama malamu te. Bato misusu bakangelaka basusu motema te mpo ete bazali malamu, mpe bamemaka kokoso epai na basusu te. Kasi soki bakosungaka basusu na lolenge esengeli te to kolandela basusu, ekozala pasi mpona bango balonga mitema na bato ebele.

Bafololo oyo mizalaka na ba langi kitoko te to solo malamu te makoki komema ba nzoi moko te to mapekapeka epai na bango, ata soki bazali na sukali mingi kati na bango. Lolenge moko, ata soki tozali malamu mingi mpe tokoki kopesa litama mosusu soki tozwi mbata na mosusu, bolamu na biso ikoka mpenza kongala te soki tozangi bizaleli na kokabela kati na maloba mpe misala na biso. Bolamu na solo izali kokokisa mpe kotalisa talon a yango mpenza kaka na tango bolamu na kati ikolata elamba na libanda na ezaleli na kokabela.

Yosefe azalaki na ezaleli oyo na kokabela. Azalaka muana na zomi na moko na Yakobo, tata na Yisalele mobimba. Ayinamaki epai na bandeko ba ye babali mpe atekamaka lokola moumbu na Ejipito na bolenge bwa ye. Kasi na lisungi na Nzambe akomaki ministre wa yambo na mbula ntuku misato. Ejipito na tango wana ezalaki ekolo makasi ezingami na ebale na Nile. Ezalaka moko na ba civilization minei "Miboko na Mabota'. Mokonzi na bato azwaka lolendo mingi mpona ye moko, nde ezalaka likambo moke te mpona mopaya kokoma ministre wa yambo. Soki azalaki na mbeba ata moko, asengelaki na kolongwa mbala moko.

Ata na likambo na lolenge oyo, Yosefe akambaka Ejipito malamu mingi mpe na bwanya ebele. Azalaka malamu mpe na komikitisa, mpe azalaka na mbeba moko ten a maloba mpe misala maye. Azalaka mpe na bwanya mpe bokonzi na mokambi. Azalaka na nguya eye izalaki ya mibale sima na mokonzi na ekolo, kasi atikala komeka kokonza bato te to komimatisa ye mpenza. Azalaki komikamba na makasi mpenza epai na ye moko, kasi azalaki na bolamu mpe kokabela basusu. Bongo Mokonzi na ba ministre misusu basengelaki na koyokela ye likunia te to kotalela ye na mosika; Batiaki elikya na bango nioso epai na ye. Tokoki kondima likambo yango na kotala lolenge kani Baejipito bayambaka liboto na Yosefe na esengo, ba oyo balongwaki na Ejipito kino Kanana na kokima nzala.

Bolamu Na Yosefe Ilandisamaki na Bizaleli na Kokaba

Soko moto azali na ezaleli na kokabela, elakisi ete azali na motema monene, nde akosambisa mpe kokatela mabe basusu ten a lolenge na ye ata soki azali sembo na maloba mpe na bizaleli na ye. Lolenge oyo na Yosefe italisamaki malamu na tango bandeko ba ye mibali, ba oyo batekisaka ye na boumbu na Ejipito, bakotaka na Ejipito mpona kosomba bilei.

Na ebandeli, bandeko mibali bayebaka Yosefe te. Ekoki

kondimama mpo ete batikala komona ye te mpona ba mbula likolo na Ntuku mibale. Lisusu, bakokaka mpe kokanisa te ete Yosefe akomaka ministre wa yambo na Ejipito. Sasaipi, nini Yosefe ayokaki na tango amonaka bandeko ba ye ba oyo etikala moke baboma ye mpe bayaka na kotekisa ye lokola moombo na Ejipito? Azalaki na mpifo na kofutisa bango masumu na bango. Kasi Yosefe alingaka te kozongisela bango. Abombaki identité na ye, mpe amekaki bango mbala mibale mpona kotala soki mitema na bango mizalaki lolenge na kala. Yosefe solo azalaki kopesa bango libaku malamu mpona kotubela masumu na bango liboso na Nzambe na bango moko, mpo ete lisumu na kokana koboma mpe kotekisa ndeko na bango moko lokola moumbu na ekolo mosusu izalaki likambo moke te. ATikalaki kaka na kolimbisa bango bongo te to kopesa bango etumbu, kasi amemaki likambo na lolenge oyo bandeko ba ye bakokaki kotubela masumu na bango moko. Bongo, kaka na sima na bandeko bakanisaka mabe na bango mpe bayokaki mabe, nde Yosefe abimisaki identité na ye.

Na tango wana bandeko ba ye ba bangaki. Bomoi na bango mizalaki na maboko na ndeko na bango mobali Yosefe oyo sik'awa akomaki ministre way ambo na Ejipito, ekolo na makasi koleka na mokili na tango wana. Kasi Yosefe azalaki na posa na kotuna bango mpona nini basalaki oyo bango basalaki te. Atikalaki na kobangisa bango ten a koloboka ete, "Sasaipi bokofuta masumu na bino." Kasi kutu amekaki kokitisa bango mitema mpe kokitisa makanisi na bango. "Kasi bozala na maw ate mpo ete Nzambe Atindaki ngai liboso na bino mpona kobikisa bomoi na bato." (Genese 45:5). Andimaki ete makambo nioso mazalaki na mokano na Nzambe. Yosefe alimbisaka kaka bandeko na ye na motema te, kasi alukaki mpe na kokitisa mitema na bango na maloba malamu, na kososolaka bango malamu. Elakisi ete Yosefe atalisaki misala mikoki kosimba ata bayini, yango ezali bizaleli na kokaba na komonana libanda. Bolamu na Yosefe oyo elandisamaki na bizaleli na kokaba ikomaki moto na nguya na ye mpona kobikisa bomoi na bato ebele kati mpe zingazinga na Ejipito mpe moboko mpona kokokisa mokano na nkamwa na Nzambe. Lolenge nalimbolaki na likolo bizaleli na bolamu ezali kotalisa bolamu na kati na moto mpe ikoki kosimba mitema na bato ebele mpe kotalisa nguya monene.

Kobulisama Isengeli Mpona Kozala na Bizaleli na Kokabela

Kaka lolenge bolamu na kati ikoki kokokisama na nzela na kobulisama, ezaleli na kokabela mpe ikoki kokolisama na tango tolongoli mabe mpe tokomi babulisami. Ya solo, ata soki moto naino abulisami te, akoki mpe kotalisa ezaleli na kokabela kati na misala na lolenge moko boye na nzela na education na ye to mpo ete abotama na motema monene. Kasi ezaleli malamu na solo na kokabela ikoki kobima wuta na motema iye ikangolama na mabe oyo elandaka kaka solo. Soki tolingi kokolisa mpenza ezaleli na kokabela, ekoki kaka te kopikola mosisa monene na mabe kati na motema na biso. Tosengeli na kolongola ata bilembo na mabe (1 Batesaloniki 5:22).

Ikomama kati na Matai 5:48 ete, Tika ete bozala yakokoka, lokola Tata na bino na Likolo Azali yakokoka." Na tango bolongoli mabe nioso kati na motema mpe lisusu bokomi na Pamela moko te kati na maloba, misala, mpe bizaleli, tokoki kokolisa bolamu mpo ete bato mingi bazwa bopemi kati na biso.

Mpona yango tosengeli te kosepela na tango tokomi sukasuka na etape eye wapi tolongoli mabe lokola koyina, likunia, zua, lolendo mpe ezaleli na motomoto. Tosengeli mpe kolongola ata bizaleli mikemike na mabe kati na nzoto mpe kotalisa misala na solo na nzela na Liloba na Nzambe mpe mabondeli makasi, mpe nakoyamba kotambwisama na Molimo Mosantu.

Nini ezali misala mabe na nzoto? Baloma 8:13 elobi ete, "... Soki bozali baton a nzoto bokokufa mpenza; nde soko na nzela na molimo bokoboma bizaleli na nzoto bokobika."

Nzoto awa etalisi kaka nzoto na mosuni na biso te. Nzoto na molimo elakisi nzoto na moto sima na solo kolongwa na ye. Bongo, misala na nzoto etalisi misala miwutaka na solo te iye itondisama kati na moto oyo ambogwana na mosuni. Misala na nzoto esangisi kaka masumu mamonani na miso te kasi mpe misala niso na mabe to bizaleli.

Nakutanaka na likambo moko na kala. Na tango nazalaki kosimba eloko, nayokaki lokola nazwaki corant mpe mpe nakokwanza tango nioso. Nakomaki kobanga kosimba eloko. Na bongo, tango niosso nasengelaki kosimba eloko nazalaki kobondela na makanisi na kobelelaka Nkolo. Nazalaka na lolenge oyo ten a tango nazalaka kosimba biloko na bokebi. Na tango nazalaka kofungola ekuke, nazalaka kosimba esimbeli malamu mingi. Nasengelaki kokeba ata na tango nazalaki kopesa bandimi mbote na loboko. Likambo oyo isalemaka mpona ba sanza ebele. Mpe bizaleli na ngai nioso makomaki na ekenge mpe na malamu. SIma nayaki na kososola ete Nzambe Akomisaki bizaleli na ngai na nzoto na kokoka na nzela na makambo oyo.

Ikoki komonana lokola eloko te, kasi lolenge moko na bizaleli izali motuya mingi. Bato misusu na momesano basalaka contacte na nzoto na basusu tango bazali koseka to koloba na ba oyo pembeni na bango. Basusu bazalaka na mongongo makasi mingi na kotalaka tango to bisika te mpona komema kokoso epai na basusu. Bizaleli mana mazali ba mbebi makasi te, kasi mazali makambo na nzoto maye masengeli te. Ba oyo bazali na bizaleli na kokabela bazali na bizaleli malamu kati na bomoi na na bango na mokolo na mokolo, mpe bato mingi bakolinga kopema na ngambo na bango.

Kobongola Bizaleli na Motema

Elandi, tosengeli kokolisa bizaleli na motema na biso mpona kozwa bizaleli na kokabela. Lolenge na motema italisi monene na motema. Kolandana na monene na motema na moto na moto, bato misusu basalaka mingi eleki oyo basenge na bango kosala na tango basusu basalaka kaka oyo esengeli na bango kosala to moke kaka. Moto na ezaleli na kokabela azali na lolenge na motema oyo ezali monene mpe epanzana, bongo atalaka kaka makambo ma ye moko te, kasi akambaka mpe basusu.

Bafilipi 2:4 elobi ete, " "Moto na moto atala kaka lifuti na ye moko te, kasi mpe oyo na bamosusu." Lolenge na motema oyo kolandana na lolenge nini tokomisi motema na biso monene na makambo nioso, nde tokoka kokomisa yango monene na nzela na makasi na kokoba. Soko tokotalaka na kokanga motema te kaka na lifuti na biso moko, tosengeli kobondela na mozindo mpe kobongola mpe kobongola bongo moke na bison a oyo na monene oyo ekotalaka naino lifuti mpe bolamu na basusu.

Mapamboli na Bato Malamu

Kino tango atekisamaka lokola moumbo na Ejipito, Yosepe akolisamaki lokola ba ndunda mpe bafololo kati na ndako na main a pondu. Akokaka te kokamba makambo nioso kati na ndako to kopima mitema mpe makambo na bandeko ba ye mibale ba oyo balingamaki te epai na tata na bango. Kasi na nzela na mimekano na lolenge na lolenge,, ayaki kokoma na motema na bokambi nioso imonani zinga zinga na ye, mpe ayekolaki ndenge nini na kokamba mitema na basusu. Nzambe Akomisaka motema na Yosefe monene na kobongisama na tango ye akokoma ministre way ambo na Ejipito. Soki tokokokisa lolenge na motema oyo elongo nan a motema malamu mpe na mbeba te, tokoka mpe kokamba mpe kotambwisa bato ebele mingi. Ezali eloko oyo mokambi asengeli kozala na yango. Lipamboli na lolenge nini ikopesamela epai na ba oyo bakokisi bolamu ekoka na kolongolaka mabe kati na mitema na bango mpe bakolisi ezaleli na kokabela imonanaka? Lolenge elobama na Matai 5:5 ete, "Mapamboli epai na basokemi, pamba te bakosangola mokili." Na Nzembo 37:11, " "Nde baton na bopolo bakosangola mokili, mpe bakosepela na ebele kati na bofuluki." Bakoki kosangola mokili mokili awa etalisi esika na koingela kati na bokonzi na likolo, mpe kosangola mokili elakisi ete "Kosepela nguya monene kati na Lola na mikolo ekoya."

Pona nini basengeli kosepela nguya monene na Lola? Moto na bolamu akopesaka makasi na milimo misusu na motema na Tata na biso Nzambe mpe akosimba mitema na bango. Moto na bopolo koleka moto akokoma, milimo ebele mikozwa bopemi epai na ye mpe bakotambwisama na lobiko elongo na ye. Soki tokoki kokoma moto monene na oyo ebele na bato bakozwaka bopemi, elakisi ete tosaleli basusu na lolenge monene. Mpifo na Lola ikopesama epai na ba oyo bazali kosalela. "Ye oyo aleki monene kati na bino akozala mosaleli."

    Na bongo, moto na malamu akokoka kosepela nguya monene mpe akosangola lopango monene lokola bisika na koingela tango akomi na Lola. Ata na mokili oyo, ba oyo bazali na nguya makasi, bozwi, koyebana mpe nguya, balandamaka epai na bato ebele. Kasi soki babungisi nioso bazalaki na yango, bakobungisa mingi na mpifo na bango, mpe ba mingi oyo balandaki bango, bakotika bango. Mpifo na molimo oyo elandaka moto malamu ikesana na oyo na mokili oyo. Ikolimwaka soko kombongwanaka te. Na mokili oyo, na lolenge molema mwa ye ikokende liboso, akokende liboso na nioso. Lisusu, na Lola akolingama mingi epai na Nzambe mpona libela mpe akozwa limemia na milimo na bato ebele.

3. Bolingo Izalaka na Zua Te

Bayekoli misusu na motuya babongisaka mpe basangisaka bikomeli na bango mpona makambo bango bazangaki kokoma. Ba talaki tina esalaki ete bakoka te kozwa malamu mpe basosola cours malamu mpenza liboso na bango kokoba. Balobaki ete lolenge oyo ezali na kokoka mpenza mpona koyekola cours oyo bamonaki pasi na tango mokuse. Lolenge moko ekoki mpe kosalelama na tango tozali kosalela bolingo na molimo. Soki tokotala misala mpe maloba na bison a mozindo mpe kolongola moko na moko na bosuki na biso, bongo nde tokoka kokokisa bolingo na molimo na tango mokuse. Tika totala na likambo elandi na bolingo na molimo 'Bolingo ezalaka na zua te'.

Zua etalisamaka na tango sentiment na zua makasi mpe bozangi na esengo ikoli makasi mingi mpe bizaleli mabe bamipesi mpona kotelemela moto mosusu. Soki tozali na lolenge na zua mpe na likunia na makanisi na biso, tokoyoka malamu ten a tango tomoni moto mosusu andimami to azwi mbano. Soki tokutani na moto oyo andimami koleka, na bozwi koleka mpe na makoki elelki na biso, to soki moko na baninga na bison a mosala bafuluki mpe basungami epai na bato ebele, tokoka koyoka likunia. Na tango mosusu tokoki koyina moto yango, tokolikya koshina ye na biloko na ye nioso oyo azali na yango mpe tonyata ye.

Na loboko mosusu tokoki koyoka lokola kolemba na kokanisaka ete, "Azali mpenza na lisungi na basusu, kasi ngai nini? Nazali eloko te!" Na maloba mosusu, tokoyoka motema pasi mpo ete tozali komipima na basusu. Na tango toyoki malamu te basusu kati na biso bakoki kokanisa ete ezali zua te. Kasi, bolingo ekozwaka esengo na solo. Na lolenge mosusu, soki tozali na bolingo na solo tokosepela soki moto mosusu akei liboso. Soki tokolemba to tokomipamela, to tokosepelaka te kati na solo, yango ezali mpo été bo biso to lolendo izali kosala. Mpo été bob iso ezali kosala, lolendo na biso ekozokisama na tango tomoni été tozali na nse na basusu.

Tango makanisi na likunia makoli mpe matalisami na maloba mabe mpe misala, ezali zua oyo chapitre oyo na bolingo ilobeli. Soki zua ekoli kati na lolenge na makasi, moto akoki kosala mosusu mabe to mpe ata koboma basusu. Zua ezali emoniseli na libanda na mabe mpe motema na mbindo, nde bongo ekozala pasi mpona ba oyo bazali na zua kozwa lobiko (Bagalatia 5:19-21). Ezali mpo ete zua ezali mosala emonani na mosuni, oyo ezali lisumu esalemi na komonana libanda. Zua ikoki kokabolama na biteni ebele.

Zua Kati na Bato oyo Balingani

Zua ebimaka na tango moto kati na bolingo alingi kozwa bolingo eleki mpe lisungi koleka oyo azali kozwa epai na molongani na ye. Ndakisa, basi mibale na Yakobo, Lea na Laele, bazalaki na zua likolo na moninga mpe moko na moko azalaki na mposa ya kozwa lisungi eleki epai na Yakobo. Lea na Laele bazalaki bandeko, bango nioso bana basi na Labana, noko na Yakobo.

Yakobo abalaka Lea lokola lifuti na kokosama na nook na ye Labana na kotalaka te nini posa na ye. Solo Yakobo alingaki leki na Lea, Laele, mpe azwaka ye lokola mwasi sima na mbula 14 na mosala makasi epai na noko na ye. Kobanda ebandeli Yakobo alingaka Laele mingi koleka Lea. Kasi Lea abotaki bana minei na tango Laele akokaka kobota muana moko te. Na tango wana ezalaki soni mpo na muasi azanga muana, mpe Laele azalaki na zua na ndeko na ye na muasi. Azipamaki mpenza miso na zua na ye eteapesaka kokoso mingi epai na mobali na ye Yakobo mpe lokola. "Pesa ngai bana soko boye te mbe nakokufa" (Genese 30:1).

Bango mibale na basin a Yakobo bapesaka basali na bango lokola makango epai na Yakobo mpona kozwa bolingo na ye epai na moko. Soki bakolisaka kaka ata moke na bolingo na solo kati na mitema na bango, bakokaki kosepela na tango mosusu azalaki na faveur eleki epai na mobali na bango. Zua ememelaki Lea, Laele, mpe Yakobo Bozangi esengo. Lisusu, ekotelaki mpe bana na bango mpe lokola.

Zua Tango Likambo Na Basusu Imonani Malamu Koleka na Biso

Likambo na zua kati na bomoi na moto na moto ikesana kolandana na talo na bomoi. Kasi na momesano tango mosusu eleki na bozwi, andimami mingi, mpe na makoki maleki oyo tozali na yango to tango basusu azwi ngolu koleka mpe alingami, tokoki kokoma na zua Ezali pasi te mpona komisosola na likambo etali zua na kelasi, na mosala, to kati na ndako tango zua ekomitalisa na likambo tokanisi ete moto aleki biso. Na tango moto kati na biso akei liboso koleka oyo tozali, tokoki koyina to koloba solo te likolo na ye. Tokoki kokanisa ete tosengeli koleka likolo na basusu mpona kofuluka mpe kozwa lisungi na koleka.

Ndakisa, bato misusu batalisaka mbeba na basusu mpe bosuki

na bango kati na mosala mpe bakomemaka bakonzi batala bango mabe to balandela bango mpo ete bazali ba oyo balingi komata pete. Bandeko batangi balongwe na likambo oyo te. Bayekoli misusu batungisaka basusu mpo ete bango bazwaka malamu to bakoluka babeta bango mpo ete balingami mingi na balakisi. Na ndako, bana bakoselaka mpe baswanaka na bandeko na bango babali na basi mpona kondimama mingi mpe kolingama na baboti. Basusu basalaka yango mpo ete bakolukaka kosangola biloko ebele na baboti.

Yango ezalaki lolenge moko na Caina, mobomi wa yambo na lisituale na bato. Nzambe Andimaka kaka mbeka na Abele. Caina ayokaka malamu te mpe zua na ye ikobaki na kopela na koleka kati na ye mpe sukasuka abomaki ndeko na ye Abele. Asengelaki koyoka mbala na mbala likolo na mbeka na makila na nyama epai na baboti ba ye, Adamu mpe Ewa, mpe asengelaki koyeba malamu likolo na yango. "Ee, nanse na Mobeko biloko nioso mipetolami na makila, mpe soki makila masopani te, kolimbisama na masumu ezali te." (Baebele 9:22).

Ata bongo, apesaka kaka mbeka na ba ndunda mpe mbuma na elanga. Na bokeseni, Abele apesaka mbeka na bana na liboso kati na etonga na ye na bam pate na motema na ye kolandana na mokano na Nzambe. Basusu bakokaki koloba ete ezalaki pasi te mpona Abele kopesa mbeka na mpate mpo ete azalaki mobateli mpate, kasi ezali bongo te. Ayekolaki mokano na Nzambe epai na baboti ba ye mpe alingaka kosalela yango. Mpo yango Nzambe Andimaka kaka libonza na Abele. Caina akomaki na zua na ndeko na ye bisika na kolela mabe asalaki. N atango epelaki, moto na zua na ye ikokaki kozimama te, mpe suka abomaki ndeko na ye

Abele. Boni pasi monene Adamu na Ewa bayokaki mpona oyo!

Zua Kati na Bandeko Na Kondima

Bandimi misusu bazalaka na zua na bandeko mosusu na mobali to na mwasi oyo azali likolo na bango kati na molongo, ebonga, kondima, to bosembo epai na Nzambe. Likambo na lolenge oyo na momesano isalemaka tango ye mosusu azali lolenge moko na bango na mbula, ebonga, to na molayi na tango na kondimela, to soki bayebi mosusu wana malamu.

Lolenge Matai 19:30 elobi, "Kasi mingi na baoyo bazali liboso bakozala na sima mpe baoyo na nsima bakozala liboso." Tango mosusu baoyo bazali nan se na biso mpona mbula kati na kondima, mbula mpe pete na egelesia bakoki koleka liboso na biso. Bongo, tokoki koyoka zua makasi likolo na bango. Zua na lolenge wana izalaka kaka kati na bandimi na egelesia moko te, ikoki kozala kati naba Pasteur mpe bandimi kati na lingomba, kati na mangomba, to ata kati na lisanga na Bakristu mikesana. Tango moto akopesa nkembo na Nzambe, bato nioso basengeli kosepela elongo, kasi bakotukaka kutu basusu lokola bapengwisi mpona komeka kokitisa bato misusu to masanga. Nini baboti bakoyoka soki bana na bango bazali koswana mpe koyinana? Ata soki bana bapesi bango bilei kitoko, bakozala na esengo te. Nde soki bandimi ba oyo bazali bana na Nzambe moko bakobunda mpe koswana kati na bango, to soki ezali na zua kati na ba egelesia, ekomema kaka Nkolo na komilela mingi.

Zua na Saulo Likolo na Dawidi

Saulo azalaki mokonzi wa Yambo na Yisalele. Abebisaki bomoi na ye na kozalaka na zua na Dawidi. Mpona Saulo, Dawidi azalaki lokola elombe kati na molato na etumba kongala oyo abikisaki ekolo na ye. Na tango makasi na basoda makitaki mingi likolo na kobangisa na Goliata Mofilisitia, Dawidi abimisaki kotombwama likolo mpona kokitisa elombe na Bafilisitia na ebwakeli na libanga. Eloko oyo moko ememaki elonga kati na Yisalele. Ezalaki ete, "Saulo abomi ba nkoto na ye nde Dawidi abomi ba nkoto zomi". (1Samuele 18:7).

Saulo ayokaki malamu te mpe akanisaki ete, "Lolenge nini bakoki kopima ngai na Dawidi? Azali eloko ten de kaka mobateli mpate!

'Nkanda na ye emataki mpe akobaki na kokanisa likolo na yango. Akanisaka te ete ezalaki malamu ete bato bakumisa Dawidi mingi, mpe kobanda wana makambo na Dawidi mamonanaki malamu te epai na ye. Saulo solo akanisaki ete Dawidi azalaka kosala na lolenge na kosomba mitema na bato. Sasaipi, mbanzi na nkanda na Saulo etalaki esika na Dawidi. Akanisaki ete, "Soki Dawidi asi alongaki motema na bato, botomboki ezali kaka na tango moke!

Na lolenge makanisi ma ye mamataki, Saulo alukaki libaku mpona koboma Dawidi. Na tango moko, Saulo anyokwamaki mpona milimo mabe mpe Dawidi abetelaki ye nzenze. Saulo azwaki libaku mpona kobwakela ye likonga. Kasi Dawidi akimaki yango mpe akimaki. Kasi Saulo atikaki te mpona koluka koboma Dawidi. Akobaki na kolanda Dawidi elongo na mapinga na ye.

Ata oyo nioso, Dawidi azalaki na mposa na kosala Saulo mabe te mpo ete mpo ete mokonzi apakolamaki mafuta epai na Yawe, mpe Mokonzi Saulo ayebaki yango. Kasi moto na zua kati na motema na Saulo ekitaki te. Saulo akobaki na konyokwama likolo na makanisi na konyokwama komata likolo na zua na ye. Kino tango abomamaki kati na etumba na Bafilisitia, Saulo azalaki na bopemi te likolo na zua na ye mpona Dawidi.

Ba oyo Bazalaki na Zua Mpona Mose

Kati na Mituya 16, totangi likolo na Kora, Datana mpe Abilama. Kora azalaki Molewi, mpe Datana mpe Abilama bazalaki libota na Lubene. Bazwaki nkanda mpona Mose mpe ndeko mpe mosungi na ye Alona. Bayokaki mabe mpo été Mose azalaki mokonzi na Ejipito mpe sasaipi azalaki kokamba bango ata soki akimaka mpe abatelaka ba mpate na Madian. Na lolenge mosusu, bango balukaki kokoma bakambi. Nde bakutanaki na bato mpona kokomisa bango kati na lisanga na bango.

Kora, Datana, mpe Abilama basangisaki bato 250 mpona kolanda bango mpe bakanisaki ete bakozwa nguya. Bakendaki epai na Mose na Alona mpona koswanisa bango. Balobaki ete,"Makambo na bino mabayi biso. Bato nyoso na lingomba bazali bulee, moto na moto na bango, mpe Yawe Azali kati na bango. Na bongo bozali kominetola na likolo na koyangana na baton a Yawe mpo na nini? (Mituya 16:3)

Ata soki bameseneke na komikanga na kotelemela ye, Mose azongiselaki bango eloko moko te. Afukamaki kaka liboso na Nzambe mpe abondelaki mpe amekaki kososolisa bango mbeba na bango mpe asengaki na Nzambe kosambisa na Ye. Na tango wana nkanda na Nzambe ematiki likolo na Kora, Abilama mpe Datana na bato elongo na bango. Mabele efungolaki monoko, mpe Kora, Datana mpe Abilama, elongo na basin a bango mpe bana na bango mpe ba oyo nioso na mike na bango bakitaki na bomoi kati na Ewelo. Moto mpe ekitaki wuta na YAWE mpe ezikisaki bato nkama mibale na ntuku mitano bazalaki kotumba malasi.

Mose amemaki pasi moko te epai na bato (Mituya 16:15). Asalaki kaka makasi ma ye nioso mpona kokamba bato. Atalisaki ete Nzambe azalaki elongo na bango tango na tango nna nzela na bilembo mpe bikamwa. Atalisaki bango makama zomi na Ejipito; atikaka bango bakatisa mai monana motane na makolo na kokabola yango biteni mibale; apesaki bango mai kowuta na libanga mpe atikaka bango balia mana mpe nkanga kati na lisobe. Ata bongo bayimaki mmpe batelemelaki Mose nakoloba ete azalaki komimatisa.

Nzambe mpe Atikaki ete bato bamona lisumu nini ezalaki kotelemela Mose. Kosambisa mpe kokatela moto oyo atiamaki na Nzambe ezali lolenge moko na kosambisaka Nzambe Ye moko. Bongo, tosengeli te kosambisa lolenge tolingi ba egelesia to lisanga iye izali kosala na nkombo na Nkolo nakolobaka ete bazali solo te mpe bapengwisi. Wuta tozali biso nioso bandeko mibali mpe basi kati na Nzambe, zua kati na biso ezali lisumu monene liboso na Nzambe.

Zua Likolo na Biloko Mizali na Litomba Te

Tokoki kozwa oyo elingi biso kaka na zua? Soko te! Tokoki kokotisa bato misusu kati na kokoso mpe ikoki komoonana lokola tolingi koleka liboso na bango, kasi na solo tokoki te kozwa niooso elingi biso. Yakobo 4:2 elobi ete, "Bokolulaka nde bokozuaka te; bokobomaka mpe bokoyokaka zua, nde boyebi kozwa te. Bokobundaka etumba nde bokozwaka te mpo bokolombaka te.."

Esika na zua, botala nini ekomami kati na Yobo 4:8 ete, "Lokola ngai namoni baoyo bakotimola masumu mpe bakokona yauli, bakobuka bobele lolenge yango." Mabe bokosalaka ekozongela bino lokola boomerang.

Kofutama na mabe bolonaki, bokoki komonana na makama kati na mabota na bino to bisika na mosala. Lokola Masese 14:30 elobi ete, "Motema na kimya ekoyeisela mosuni bomoi; kasi elulela ekopolisa mikwa." Zua ekomemaka kaka na pasi moto akomipesaka ye moko, nde bongo ezali mpenza na tin ate. Bongo, soki bokolinga kokende liboso na basusu, bosengeli kosenga Nzambe oyo Akonzaka makambo nioso bisika na kobebisa makasi na bino na makanisi mpe kosala na zua.

ya solo, bokoki te kozwa makambo nioso bokosenga. Na Yakobo 4:3, elobi ete "Ata bokolombaka, bokokamataka te mpo ete bokolombaka na nzela mabe mpona kobebisa yango na mposa na bino mabe." Soki bokosenga eloko mpona kosalela yango na ba posa na bino mabe, bokoki kozwa te mpo ete ezali mokano na Nzambe te. Kasi na makambo mingi bato bazali kaka kosenga kolandana na baposa na bango. Bakosengaka mpona bozwi, koyebana, mpe nguya mpona komisepelisa mpe lolendo na bango. Yango epesaka ngai mawa kati na mosala na ngai. Lipamboli ya solo ezali bozwi te, koyebana, mpe nguya te kasi bofuluki na molema na moto.

Ata biloko boni bozali na yango mpe bosepela na yango, nini azali litomba na yango soki bozangi lobiko? Nini tosengeli kokanisa ezali ete makambo nioso na mokili oyo mikolimwa lokola londende. 1 Yoanne 2:17 elobi ete, "Mokili ezali koleka mpe mposa mabe na yango mpe lokola, nde ye oyo akosalaka makambo na Nzambe akoumela seko." Mpe Mosakoli 12:8 elobi ete, "Mosakoli alobi ete,'Bisalasala ba mpamba! Nioso ezali mpamba!

Nakolikya ete bokokoma na zua na bandeko na bino babali to basi ten a kokangamaka na makambo pamba na mokili oyo kasi bozala na motema oyo ezali malamu na miso na Nzambe. Nzambe Akoyanola ba mposa na motema mpe kopesa na bino Bokonzi na Seko na Lola.

Zua mpe Baposa na Molimo

Bato bandimelaka Nzambe nde bakokomaka na zua mpo ete bazali na kondima moke mpe bolingo. Soki bozangi bolingo mpona Nzambe mpe bozali na bondimi moke mpona Lola, bokoki kokoma na zua mpona kozwa bozwi, koyebana, mpe nguya na mokili oyo. Soki bozali na assurance na oyo etali bo muana na Nzambe mpe bomoto na Lola, bandeko mibali mpe basi bazali na litomba mingi koleka ba oyo na libota na bino na mokili. Ezali mpo ete bozali kondima ete bokobika elongo na bango mpona seko na Lola.

Ata ba oyo bandimela te ba oyo bandimela Yesu Christu te bazali na motuya mpe bazali ba oyo tosengeli na kokamba na bokonzi na likolo. Likolo na bondimi oyo, na lolenge tozali kokolisa bolingo na solo kati na biso, tokoya na kolinga bazalani na biso lokola biso moko. Bongo, tango basusu bakozala malamu, tokozala na esengo lokola ezalaki bison de tozwaki bolamu. Ba oyo bazali na bondimi na solo bakomikaba na koluka biloko pamba na mokili oyo, kasi bakomeka kozala na makasi kati na mosala na Nkolo mpona kozwa Bokonzi na Lola na makasi. Mingi, bakozala na mposa na molimo.

Longwa na mikolo na Yoane Mobatisi kino sasaipi Bokonzi na Likolo ezwi monyoko, mpe banyokoli bakamati yango na makasi." (Matai 11:12).

Ba pos na molimo mizali solo na bokeseni na zua. Ezali na litomba na kozala na posa na enthusiasme mpe na bosembo kati na mosala na Nkolo. Kasi soki posa yango elei ndelo mpe elongwe na solo to ekokoma libaku mpona basusu, ikoka te na kondimama. N atango na kozala molende kati na mosala na biso mpona Nkolo, tosengeli tozala ekenge mpona bosenga na bato pembeni na biso, koluka lifuti na bango, mpe koluka kimya na moto nioso.

4. Bolingo Ikobetaka Tolo Te

Ezali na bato ba oyo babetaka tolo mpona bango moko. Bakotalaka te soki basusu bakoki koyoka nini tango bakobetaka tolo. Balingaka kaka komilakisa na oyo bazali na yango na kolukaka ete bato bandima bango. Yosefe azalaka komikumisa mpona ba ndoko na ye na tango azalaka elenge mobali. Yango ememaka bandeko ba ye na koyina ye. Wuta alingamaka mingi na tata na ye, asosolaki solo motema na bandeko na ye mibali te. Sima, atekisamaki lokola moumbo na Ejipito mpe akotaki kati na mimekano ebele mpona kokolisa solo bolingo na molimo. Liboso na bato kokolisa bolingo na molimo, bakoki kobebisa kimya na komilakisaka bango mpenza. Bongo Nzambe Alobi ete,"Bolingo ikomilakisaka te."

Na koloba na mokuse ete, kobeta tolo ezali komitalisa mpe komilakisa. Baton a momesano balingaka kondimama soki basali to mpe bazali na eloko koleka basusu. Nini ekozala tina na kobeta tolo oyo?

Ndakisa, baboti misusu bamitalisaka mpe babetaka tolo mpona bana na bango oyo batangaka malamu. Bongo, bato misusu bakoki kosepela elongo na bango, kasi mingi kati na bango bazali na lolendo etutami mpe bayokaka mabe likolo na yango. Bakoki kopamela bana na bango na tin ate. Ata muana na bino azali kotanga malamu mingi, soki bozali ata na ndambo na bolamu mpona kokeba mpona boni basusu bakoyoka, bokobeta tolo lolenge oyo te. Bokolinga mpe ete bana na bazalani na bino batanga malamu, nde soki asali, na esengo bokopesa ye longonya.

Ba oyo bamikumisaka balingaka mpe komeka kondima to kosepela na mosala kitoko esali basusu te. Na lolenge moko to soko nini bamekaka kokitisa basusu mpo ete bakanisaka ete bazipi bango na lolenge na kondimama na basusu. Yngo ezali moko na nzela na kokoso kati na komilakisa. Kosalaka bongo, motema na komilakisa ezali mosika na bolingo na solo. Bokoki kokanisa ete soki bokomilakisa bakondima bino, kasi ekosala kaka ete bokoka na kozwa botosi mpe bolingo na solo te. Esika na bato zinga zinga na bino ba oyo bayokelaka bino likunia, ikomema koyina mpe zua epai na bino"Nde sasaipi,i bozali komikumisa na nzombo na bino. Komikumisa nioso na motindo nioso ezali mabe" (Yakobo 4:16).

Enzombo na Bomoi Iwutaka na Bolingo na Mokili

Mpona nini bato bakomilakisaka bango moko? Izali mpo ete bazali na ezombo na bomoi kati na bango. Ensombo na bomoi elakisaka lolenge na komilakisa kolandana na bisengo na mokili oyo. Yango iwutaka kati na bolingo na mokili. Bato bamesana kobeta tolo mpona makambo bamonaka motuya. Ba oyo balingaka misolo bakobeta tolo mpona misolo bazali na yango, mpe ba oyo bamonaka libanda motuya, bakobeta tolo mpona yango. Mingi, bakotia misolo, emonani na libanda, koyebana, mpt nguya na mokili liboso na Nzambe.

Moko na bandi kati na egelesia na biso azalaki na bombongo etambolaka malamu na kotekisaka ba ordinateurs na ba companie minene na bombongo na Koree. Alingaki kokomisa bombongo na ye monene. Azwaki ba nyongo ebele na lolenge na lolenge mpe atiaki misolo kati na companie na internet na bitando. Abandaki companie na capital na ba milliards mibale na ba won, oyo ezali pembeni na ba million mibale na dollar.

Kasi ezeleli ezalaki malembe mpe kobungisa ekobaki na komata nde sukasuka ekweyaki. Ndako na ye epesamaki na batekisi, mpe bato na kodefisa bakomaki kolukisa ye. Akomaki kobika na ba ndako mike nan se na imeuble to na matolo na ba immeuble. Sasaipi akotaki na komitala ye mpenza. Asosolaki ete azalaki na mposa na komilakisa mpe lokoso na misolo. Asosolaki ete apesaka kokoso na bato pembeni na ye mpo ete azalaki kokomisa bombongo na ye monene likolo na makoki na ye.

Na tango atubelaka mpenza liboso na Nzambe na motema na ye mobimba mpe alongolaka moyimi na ye mpenza, azalaki na esengo nan a tango azalaki na mosala na kosukola mbindo mpe mabulu na nzongo. Nzambe Atalaki likambo na ye mpe Atalisaki ye nzela mosusu na kobanda bombongo na sika. Sasaipi lolenge azali kotambola nzela mosusu na tango nioso, bombongo na ye ezali komata.

1 Yoane 2:15-16 elobi ete," "Bolinga mokili te soko makambo na kati na mokili te. Soko moto nani akolingaka mokili, bolingo na Tata ezali kati na ye te. Pamba te makambo nioso kati na mokili, na mposa mabe na nzoto mpe mposa mabe na miso mpe nzombo na bizaleliiuti na Tata te kasi euti na mokili."

Ezekia, mokonzi na zomi na misato na Bokonzi na Yuda, azalaki moto na sembo na miso na Nzambe mpe apetolaki mpe Tempelo. Alongaki kokotelama na Asulia na nzela na mabondeli; na tango akomaki na bokono, abondelaki na main a miso mpe azwaki mbula 15 na koleka mpona bomoi na ye. Kasi ata bongo azalaki na komilakisa na nzombo na bomoi itikalaki kati na ye. Sima na kobika na bokono na ye, Babylona etindelaki ye bato.

Ezekia azalaki na esengo mingi na koyamba bango mpe atalisaki bango ndako na ye mobimba na nkita, palata mpe wolo mpe ba epices mpe mafuta na motuya mpe bibundeli na ye mobimba mpe nioso izwamaki kati na dako na ye na nkita. Likolo na kobeta tolo na ye, bokonzi na Yuda na ngele ekotelamaki na Babylona mpe nkita nioso ikamatamaki (Yisaya 39:1-6). Kobeta tolo iwutaka na bolingo na mokili, mpe elakisaka ete moto yango azali na bolingo mpona Nzambe te. Bongo, mpona kokolisa bolingo na solo, moto asengeli kolongola nzombo na bomoi kati na motema na ye.

Kobeta tolo kati na Nkolo

Ezali na lolenge na kobeta tolo oyo ezali malamu. Ezali kobeta tolo kati na Nkolo lolenge 2 Bakolinti 10:17 elobi ete, "Tika ete oyo azali komikumisa amikumusa kati na Nkolo." Kobeta tolo kati na Nkolo ezali kopesa nkembo epai na Nzambe, yango epusi malamu. Ndakisa malamu na kobeta tolo na lolenge oyo ezali litatoli'.

Polo alobaki kati na Bagalatia 6:14, " "Nde ekoki ete namikumisa te bobele na ekulusu na Nkolo na biso Yesu Kristu,; na nzela na Ye, mokili esili kotiama na ekulusu mpo na ngai, ngai mpe natiami na ekulusu mpona mokili."

Lolenge elobami, tokobeta tolo kati na Yesu Christu oyo Abikisa biso mpe apesi na biso bokonzi na likolo. Tosengelaki na kufa na seko likolo na masumu na biso, kasi matondi na Yesu oyo afutaki mpona masumu na bison a ekulusu, tozwa bomoi na seko. Boni tosengeli kopesa matondi!

Mpona oyo ntoma Polo abetaka tolo likolo na bolembu na ye. Na 2 Bakolinti 12:9 elobami ete, "Nde Alobi na ngai ete, Ngolu na Ngai ekoki nay o, pamba te nguya na ngai ekokisami kati na bolembu. Nakomikumisa na esengo kati na bolembu.

Nakomikumisa na esengo kati na bolembu ete nguya na Kristo efanda likolo na ngai."

Solo, Polo atalisaka bilembo na bikamwa mingi mpe ata bato bamemaki ba misuale mpe bilamba miye misimbaki ye epai na babeli mpe bango babikaki. Asalaka mibembo misato na ba missionaire
Na komema bato mingi kati na Nkolo mpe kotelemisa ba egelesia na ba engomba mingi mpenza. Kasi alobaka ete ezalaki ye te oyo asalaka misala mana nioso. Abetaka kaka tolo ete ezalaki ngolu na Nzambe mpe nguya na Nkolo iye isungaka ye na kokokisa yango.

Lelo, bato mingi bapesaka matatoli na bango na kokutana mpe kobika Nzambe na bomoi na bango na mokolo na mokolo. Batalisaka bolingo na Nzambe na kolobaka ete bazwaki lobiko na bokono na bango, mapamboli na misolo, mpe kimya kati na mabota na bango tango balukaki Nzambe makasi mpe batalisaki misala na bolingo na bango mpona Ye.

Lolenge elobami kati na Masese 8:17 yango itangi ete, "Nalingaka ba oyo balingaka ngai; mpe ba oyo balukaka ngai bakutanaka na ngai." Bazalaka na matondi mpo ete bayoka bolingo na Nzambe mpe bayaka na kozwa kondima monene, yango elakisi ete bazwi mapamboli na molimo. Kobeta tolo na lolenge oyo kati na Nkolo ememaka nkembo epai na Nzambe mpe elonaka bondimi kati na mitema na bato. Na kosalaka bongo bakobomba mabonza na Lola mpe mposa na mitema na bango ikoyanolama noki noki.

Kasi esengeli na biso kokeba likolo na likambo moko awa. Bato misusu balobaka ete bazali kopesa nkembo epai na Nzambe kasi na kotala malamu bazali komeka komitalisa to mpe biloko na bango epai na bato. Batalisaka na lolenge mosusu ete bazwaki mapamboli na makasi na bango moko. Imonaki lokola bazali kopesa lokumu epai na Nzambe, kasi solo bazali komikumisa. Satana akoluka kofunda bato na lolenge oyo. Na bongo, lifuti na bango kobeta tolo ikotalisama ; bakoki kokutana na mimekano mpe mikakatana na lolenge na lolenge, to soki moto atali bango te bakoki ata kolongwa na Nzambe.

Baloma 15:2 elobi ete,"Moto na moto na biso asepelisa mozalani na ye mpona malamu na ye, ete akembisa ye." Lolenge elobami, tosengeli tango nioso koloba na bazalani na biso mpona kokembisa bango mpe kolona kondima mpe bomoi kati na bango. Kaka lolenge mai epetolamaka na koleka kati na filter, tosengeli kozala na filter mpona maloba na biso liboso na biso koloba, na kokanisaka soki maloba na biso makokembisa to koyokisa pasi na balandi na biso.

Kolongola enzombo na lolendo na bomoi

Ata soki bazali na makambo ebele mpona komilakisa, moto moko te akoki kobika mpona seko. Sima na bomoi oyo na mokili oyo, moto nioso akokenda soko na Lola to Lifelo. Na Lola at aba nzela tokotambola masalami na wolo, bozwi kuna ekoki te kopimama na oyo na mokili oyo. Elakisi ete kobeta tolo na mokili oyo izali mpenza na litomba moko te. Lisusu, ata soki moto azali na bozwi mingi mpenza, koyebana, mayebi, mpe nguya, bongo akoka komitalisa na yango soki akei na Lifelo ?

Yesu alobaki ete, "Pamba te moto akozala na litomba nini soki akozua mokili mobimba nde akobungisa molimo na ye ? Soko nde moto akosenja bomoi na ye na nini ?Pamba te ekoki na Muana na Moto ete Aya na nkembo na Tata na Ye esika moko na banje na Ye mpe nan tango yango akopesa moto na moto libonza kobila misala na ye" (Matai 16:26-27).

Kobeta tolo na mokili oyo ekoki soko te kopesa bomoi na seko to kosepelisa. Kutu ikomatisa ba posa mpamba mpe ikokamba biso kati na libebi. Lolenge tokososola likambo eye mpe tokotondisa motema na bison a elikya na Lola, tokozwa makasi na kolongola ezombo na bomoi oyo. Ezali lolenge moko na muana oyo akoki kokabwana na jouet na ye oyo esi eumeli mpe lisusu na litomba moke na tango azwi oyo na sika. Mpo ete toyebi likolo na kongenga na Bokonzi na Lola, tokokangama to kobundana mpona kozwa biloko na mokili oyo.

Na tango tolongoli ezombo na bomoi, tokomikumisa kaka kati na Yesu Christu. Tokoyoka eloko moko te na mokili oyo ezali na litomba na kobetela tolo, kasi, tokoyoka kaka lolendo na nkembo oyo tokozala na yango mpona libela na Bokonzi na Lola. Bongo, tokotondisama na esengo oyo totikala koyeba te. Ata soki tokoki kokutana na batango na kokoso na kotambola kati na bomoi na biso, tokomona te ete mazali pasi mingi. Tokopesa kaka matondi mpona bolingo na Nzambe oyo Apesa Muana na Ye se moko na likinda Yesu mpona kobikisa biso, nde na bongo tokoka kotondisama na esengo na makambo nioso. Soki tokoluka ezombo na lolendo na bomoi te, tokoyoka mpenza komimatisa ten a tango bakumisi biso, to tozwa nkand na tango tozwi Pamela. Tokomitala mingi kaka na komikitisa tango tokumisami, mpe tokopesa kaka matondi na tango tozwi Pamela mpe tokomeka kombongwana na koleka.

5. Bolingo Ezalaka Na Lolendo Te

Ba oyo bamesana komikumisa bamonaka ete baleki basusu mpe bakomaka na lolendo. Soki makambo matamboli malamu mpona bango, bakokanisa ete ezali mpo ete basalaki mosala malamu mpe bakokoma bakomisepelisa mpe bakozwa bolembu. Biblia moko na mabe oyo Nzambe Ayinaka koleka ezali lolendo. Lolendo ezali mpe moko na likambo monene oyo bato batongaki tour na Babel mpona komekama na Nzambe, yango ezali likambo oyo Nzambe Ayaka kokabola ba koto.

Lolenge na baton a Lolendo

Moto na lolendo akomonaka basusu kozala malamu koleka ye te mpe atalaka basusu nan se to na limemia te. Moto na lolenge oyo amimonaka été aleki basusu na makambo nioso. Amimonaka été aleki. Amonaka pamba, atalaka basusu nanse mpe amekaka kolakisa basusu na makambo nioso. Tango mosusu kati na lolendo na ye na koleka, akokitisa ba oyo balakisaka ye mpe bamemaka ye mpe ba oyo bazali likolo na ebonga na ye kati na bombongo to kati na ekolo. Alingaka koyoka toli te, mateya to pamela ba oyo likolo na ye bapesi ye te. Akoyimayima na kokanisaka été, "Mokonzi na ngai alobi yango kaka mpo été azali na likanisi te na nini nioso wana ezali," to koloba, "Nayebi nioso nakoki kosala yango malamu mingi."

Moto na lolenge oyo akomemaka kowelana mingi mpe koswana na basusu. Masese 13:10 elobi ete, "Kowelana epesami simbisi bobele na lolendo; nde baoyo bakoyokaka toil bazali na mayele."

2 Timote 2:23 elobeli biso ete, '"Oboya loluka makambo na kowelana mazangi ntina mpe mayele, pamba te oyebi ete makoyeisa koswana." Yango ntina ezali bozoba mpe mabe kokanisa ete yo kaka nde ozali malamu. Moto na moto azali na motema na kokesana mpe mayebi. Ezali mpo ete moto moko na moko akesana na oyo ye amona, ayoka, akutana na yango mpe oyo alakisama. Kasi mingi kati na mayebi na moto mazali sembo te, mpe misusu kati na yango mitiama na lolenge esengeli te. Soki mayebi yango makomisamaki makasi kati na biso mpona tango molayi, bosembo na moto ye moko mpe makanisi efandisama mabe makosalema. Bosembo na biso moko ezali kobetisa sete ete kaka makanisi na biso nde mazali malamu, mpe soki yango ekembisami ikokoma lolenge na kokanisa iye ifandisama mabe. Bato misusu basalaka lolenge yango na bizaleli na bango to na mayebi bazali na yango.

Makanisi mafandisam mabe mazali lokola squelette kati na nzoto na moto. Misalaka eteni na eteni kati na nzoto, mpe soki esi salami, ikozala pasi mpona kobuka yango. Mingi kati na makanisi na bato makowutaka kati na makanisi mafandisama malamu te. Moto oyo amimonaka nan se akozongisa na lolenge malamu te soki basusu batalisi ye lisapi na kofundaka ye. To na lolenge lisese elobamaka, soki moto na mbongo abongisi bilamba na ye, bato bakokanisa été azali kotalisa to kokumisa bilamba na ye. Soki moto asaleli vocabulaire makasi, bato bakokanisa été azali komimatisa na boyebi na ye mpe akotalaka bango nse pamba.

Nayekola epai na molakisi na ngai na primaire ete Statue de la Liberte ezalaki na San Francisco. Nazali kokanisa lolenge ezalaki awa lolenge nini alakisaka ngai na elilingi mpe carte na Etats-

Unies. Na ebandeli na 90, nakendaka na America mpona kokamba mayangani na bolamuki. Ezalaki wana nde nayekolaki été Statue de la Liberte ezalaki solo na New York City. Mpona ngai Statue esengelaki kozala na San Francisco, bongo nasosolaka te pona nini ezalaki na New York City. Natunaki ba oyo pembeni na ngai mpe balobaki ete yango ezalaki na New York. Nasosolaki ete eteni na boyebi nakanisaka ete yango ezali solo izalaki solo bongo te. Na ngonga wana, nakanisaka mpe ete nini nandimaki ete ezali solo ekoki mpe kozala solo te mpe lokola. Bato mingi bandimaka mpe babetisaka sete na makambo mazali solo te.

Ata na tango bazali sembo te, ba oyo bazali na lolendo bakondima yango te kasi bakokoba na kobetisa sete na oyo bamoni malamu, mpe yango ekomema na koswana. Kasi ba oyo bazali na komikitisa bakoswanaka tea ta soki moto mosusu asali mbeba. Ata soki bazali sure na 100%, bakokoba na kokanisa ete ezali solo te, mpo ete bazali na likanisi moko ten a kolonga na basusu tango bakolobana.

Motema na bopolo ezali na bolingo na molimo iye ikomonaka basusu ete baleki. Ata soki basusu bazali na makoki moke, na education moke, to bazali na nguya moke na ekolo, na makanisi na bopolo tokotala basusu malamu koleka biso moko kati na motema. Tokomona milema nioso motuya koleka mpo ete bazali na motuya mingi yango Yesu Atangisaka makila ma Ye.

Lolendo na Mosuni mpe Lolendo na Molimo

Soki moto akolakisa misala eye na libanda na bosolo te mpona komilakisa, komitalisa aleki mpe kotalaka basusu lokola pamba, akoka kososola lolendo oyo na bopete. Na lolenge tondimeli

Nkolo mpe toyei na koyeba solo, misala oyo na lolendo na mosuni mikoki na pete kolongolama. Na bokeseni, ezali pete te kososola mpe kolongola lolendo na molimo. Nini bongo lolendo na molimo ezali? Na lolenge bozali kokota kati na ndako na Nzambe mpona ngonga moko, bokozwa mayebi mingi likolo na Liloba na Nzambe. Bokoki mpe kopesama ba pete mpe ebonga kati na egelesia to koponama lokola bakambi. Bongo bokoki koyoka lokola ete bokolisi ebele na mayebi na Liloba na Nzambe kati na motema na bino yango esengeli na kokoka mpona kokanisa ete, "Nakokisi mingi. Nasengeli kozala malamu na makambo mingi!" Bokoki kopamela, kosambisa mpe kokatela basusu na Liloba na Nzambe efandisama lokola mayebi, na kokanisaka ete bososolaka malamu na mabe kolandana na solo. Bakambi misusu na lingomba bakolandaka lifuti na bango moko mpe bakobukaka mibeko na molongo miye misengelaki na kobatelama. Bakobukaka solo molongo na egelesia kati na misala na bango, kasi bakokanisaka ete, "Mpona ngai oyo ezali malamu mpo ete nazali na esika oyo. Nazali elembo." Lolenge na komimatisa oyo ezali lolendo.

Soki tokotatola bolingo na biso mpona Nzambe na tango tozali kobwakisa mibeko mpe molongo na Nzambe na motema na komimatisa, litatoli izali solute. Soki tokosambisa mpe tokokatela basusu mabe, tokoki te kondimama kozala na bolingo na solo. Solo elakisaka biso totala na, toyoka mpe tolobela kaka likolo na makambo malamu mpona basusu.

Bandeko, botonganaka te. Ye oyo akotonga ndeko na ye, azali kotonga Mibeko soko kosambisa Mibeko; ozali motosi na Mibeko te, kasi mosambisi (Yakobo 4:11).

Nini boyokaka na tango bososoli bolembu na bato misusu?

Jack Kornfield, kati na buku na ye L'Art du Pardon, Bolingo na solo, mpe Kimya, ekomi likolo na lolenge ekeseni na kokamba misala masengeli te.

"Na ekolo na Babemba na Africa Ngele, tango moto azali oyo esengeli te to na bosembo te, bakotia ye na kati na mboka, ye moko mpe na eloko te. Misala nioso mikokata, mpe mobali nioso, muasi, mpe muana nioso kati na mboka bakosangana kati na lisanga monene zingazinga na mofundami. Bongo moko na moko kati na ba oyo bafundi na baton a mboka akoloba na mofundami, moto sima na mosusu, moko na moko bakoloba bolamu nioso ye na katikati asalaki na bomoi na ye mobimba. Makambo nioso, experience nioso oyo ekoki kobengama na mozindo nioso mpe lolenge esengeli. Misala ma ye niiooso malamu, makoki ma ye malamu, makasi, mpe boboto na ye mkolobama na bokebi mpe na molayi. Cereminie oyo na mboka imesaka kozwa mikolo ebele. Na suka, kosangana na bato ekokweya, mpe kosepela makasi ekobanda, mpe moto yango akozongisama mpe akoyambama lisusu kati na mboka."

Na nzela na likambo oyo, bato oyo basalaki mabe bakozongela bisika na bango mpe bakozwa ekateli na kozala makasi mpona mboka na bango. Matondi na esambiseli na lolenge eye, ilobama ete crime ikozalaka mpenza te kati na mboka.

Tango tokomona foti na bato mosusu te, tokoki kokanisa soko tokosambisa mpe tokokatela bango nay ambo to mitema na bison a mawa mpe na mbindo mikokende liboso na yango. Na etape oyo tokoki kotala boni tokolisi bopolo na bolingo na kati na biso. Na komitalaka biso mpenza mbala na mbala, tosengeli te kosepela na oyo tosi tokokisi, kaka mpo ete tozala bandimi mpona tango molayi.

Liboso na to abulisama mpenza na kokoka, moto nioso azalaka na lolenge oyo endimaka bokoli na lolendo. Bongo, ezali motuya mingi kopikola mosisa na lolenge na lolendo. Ekoki na kotalisama na miso na baton a tango nioso soko topikoli yango na mobimba te na nzela na mabondeli makasi. Ezali lolenge moko na kokata matiti mikokoba na bobima mbe soko misisa mitikali. Lolenge moko, wuta masumu na makila mapikolami na mobimba kati na motema te, lolendo ikomata lisusu na makanisi ata sooki bazali kobika bomoi kati na kondima mpona tango molayi. Na bongo, tosengeli tango nioso komikitisa lokola bana liboso na Nkolo, kotala basusu malamu koleka biso, mpe kokoba na kobunda kino kokolisa bolingo nna molimo.

Bato na Lolendo Bamitielaka Elikya

Nabukadanesala abandisaki ekeke na wolo na Banylona Monene. Moko na bikamwa na kala. Elanga na kotandama isalemaka na tango na ye. Azalaka na lolendo ete bokonzi na ye mobimba mpe misala misalemaka na nguya na ye monene. Amisalelaki ekeko mpe asalaki ete bato bangumbamela yango. Daniele 4:30 elobi ete "Mpe mokonzi alobaki ete, 'oyo ezali Babele monene te, oyo esili ngai kotonga mpona esika na kofanda na mookonzi, na makasi na nguya na ngai mpe mpona nkembo na lokumu na ngai?'"

Nzambe solo ayaka na kososolisa ye nani solo azali mokambi

na mokili (Daniele 4:31-32). Abenganamaki na ndako na mokonzi, aliaki matiti lokola ngombe, mpe abikaka lokola nyama na zamba mpona ba mbula sambo. Nini ezalaki na ebonga wana na tango wana? Tokoka mpe kozwa eloko moko te soko Nzambe Andimi yango te. Nabukadanesala azongelaki bomoto na ye sima na mbula sambo. Asosolaki lolendo na ye mpe andimelaki Nzambe. Daniele 4:37 etangi ete,"'Sik'awa ngai, Nabukadanesala, nasanjoli mpe nanetoli mpe nakumisi Mokonzi na lola; mpo ete misala na ye nioso mizali na boyengebene mpe nzela na ye izali sembo; mpe ye ayebi kokitisa baoyo batamboli na lolendo."

Ezali kaka likolo na Nabukadanesala te. Bapagano misusu na mokili balobaka ete "Nandimelaka ngai moko." Kasi mokili ezalaka pete te mpona bango kolonga. Ezali na makambo mingi kati na mokili maye makoki kosilisama na makoki na bato te. Ata mayele etombwami makasi na boyebi na ba scientifique mpe technologie izali pamba liboso na ba makama na mokili lokola mipepe Typhon mpe koningana na mabele mpe makama misusu.

Ba bokono na lolenge nini makoki kobikisama te ata na medicine na lelo? Kasi bato mingi bamitielaka motema bisika na kotiela Nzambe elikya na tango bakutani na makama na lolenge na lolenge. Batiaka elikya na makanisi na bango, experience mpe mayebi. Kasi soko bazali solo na kofuluka te mpe bakutani na kokoso, bakoyima yima mpona Nzambe ata soki bandimela Ye te. Ezali likolo na lolendo ifandisama kati na mitema na bango. Likolo na lolendo wana, bayambolaka mabe na bango te mpe bazangaka na kondima Nzambe na bopolo.

Nini ezali kokamwisa ezali ete bandimi misusu kati na Nzambe batielaka mokili elikya mpe na bango moko bisika na kotalela Nzambe. Nzambe Alingi bana na Ye bafuluka mpe babika kati na lisungi na ye. Kasi soki bolingi komikitisa liboso na Nzambe te mpona lolenge na bino, Nzambe Akoka kosunga yo te. Bongo, bokoka ten a kobatelama na moyini zabolo to kofuluka na ba nzela na bino. Kaka lolenge elobi Nzambe na Masese 18:12 ete, "Liboso na kobebisama motema na moto ezali na lolendo, nde liboso na kokumisama ezali na kosokema." Makambo makomemelaka bino bokweyi mpe kobebisama ezali eloko moko te kasi lolendo na bino.

Nzambe Azwaka lolendo lokola bolema. Kopimama na Nzambe oyo Asala likolo Ngwende na Ye mpe mabele lokola enyateli na ye, boni moke ezali bozali na moto? Bati bioso bakelamaka na elilingi na Nzambe mpe tozali biso nioso bana na Nzambe ezala na position na likolo to mpe nan se. Ata biloko boni tokobetela tolo na mokili, bomoi na mokili oyo izali kaka na tango moke. Na tango bomoi oyo na tango moke ekokoma na suka, bato nioso bakosambisama liboso na Nzambe. Mpe tokotombwama na Lola kolandana na nini tosalaki kati na komikitisa na mokili oyo. Ezali mpo ete Nkolo Akonetola biso lolenge Yakobo 4:10 elobi, "Bomikitisa liboso na Nkolo mpe Ye Akotombola bino."

Soki mawi efandi kati na nzungu moke, ikobanda kobeba mpe ikopola mpe ba nyama mikemike bakotonda na yango. Kasi soki mai ikokoba na kotiola nan se na mgomba moke, ikokoma suka na mai monana mpe kopesa bomoi na mingi na biloko na bomoi. Na lolenge moko, tika ete tomikitisa mpo ete tokoma bato minene kati na Nzambe.

6. Bolingo Ikosalaka Lolenge Ilingeli yango Te

'Bizaleli' to 'Etiquette' ezali lolenge na mokili na kosala malamu, yango etali mingi lolenge mpe bizaleli na bato epai na bato misusu. Lolenge na etiquette embongwakak mingi Katina bomoi na bison a mokolo na mokolo lolenge na masolo na biso, na kolia, to na bizaleli kati na bato mingi lokola ba theatres.

Bizaleli misengeli mizali eteni na motuya kati na bomoi na biso. Bizaleli mindimama na bato miye misengeli na bisika nioso mpe ocasion mikomema impression isengeli epai na basusu. Na bokeseni, soki tokolakisa bizaleli misengela te mpe tokobosana moboko na bizaleli malamu, nde ekoki komema pasi epai na bato zinga zinga na biso. Lisusu, soki tolobi été tokolingaka bato kasi tokosalaka lolenge elingi biso epai na bango, ikozala pasi mpona bango kondima été tolingi bango.

Dictionaire en ligne Merriam-Webster Italisi kokoma te lokola kozala na bomoko te na lolenge esengeli na bomoi na bato. Awa mpe ezali na ba lolenge mingi kati na ba standard na bato mpe etiquette na bomoi na biso na mokolo na mokolo lokola kopesa mbote mpe masolo. Na kokamwa na biso bato mingi basosolaka te été basali na lolenge esengeli te ata sima na kosala na botosi te. Na solo, ezali pasi te mpona biso kosala na bizaleli malamu te epai na basusu pembeni na biso. Ezali été tango tokoyoka malamu elongo na bato misusu, na tango moko tokosala na bizaleli malamu to mpe na etiquette esengela te.

Kasi soki tozali na bolingo na solo, tokotikala na kosala na ezaleli mabe te. Toloba ete bozali na libanga na motuya kitoko mpe na talo. Bongo, bokosalela yango na tina te ? Bokokeba mingi mpe bokozala na ekenge na kosimbaka yango mpona kobebisa yango te, kobebisa to kobungisa yango te. Na lolenge moko, soki solo bokolingaka moto, boni na motuya bokosalela ye ?

Ezali na ba situation mibale na kosalela na ezaleli malamu te : Enzombo liboso na Nzambe mpe enzombo epai na bato.

Kosala Lolenge esengeli Te liboso na Nzambe

Ata kati na ba oyo bandimeli Nzambe mpe balobi ete balingi Nzambe,, tango tomonaka misala na bango mpe toyokaka maloba na bango ezali na ebele ba oyo bazali mosika na kolinga Nzambe. Na ndakisa, konimba kati na mayangani ezali moko na bozangi botosi monene liboso na Nzambe. Konimba kati na mayangani ezali lolenge moko na konimba liboso na bozali na Nzambe Ye moko. Ekozali mabe konimba liboso na mokonzi na mboka to mpe liboso na mokonzi na companie. Bongo, boni malamu te tokosalaka soki tokonimba liboso na Nzambe? Ikozala na tembe soki tokokoba na koloba été tolingi Nzambe. To, toloba été bokutani na molongani na bino mpe bokobi na konimba liboso na ye. Bongo, boni boni bokoloba été bolingi moto yango?

Lisusu, soki bozali na lisolo na bino moko na bato pembeni na bino kati na mayangani to soki bokolota na moi, ezali mpe kozala na bizaleli mabe. Bizaleli na lolenge oyo ezali kotalisa ete mongumbameli azangi bobangi mpe bolingo mpona Nzambe.

Bizaleli na lolenge oyo etungisaka mpe moteyi. Toloba ete ezali na mondimi oyo azali kosolola na moninga na ye, to azali kobanza makambo pamba to mpe konimba. Bongo moteyi akoki komituna soki mateya mazali mpenza na ngolu te. Akoki kobungisa kotondisama na Molimo Mosantu, mpo ete akokoka koteya na botondisami na Molimo Mosantu te. Misala oyo nioso mikomema kokoso na bangumbameli misusu mpe lokola.

Ezali lolenge moko na kobima na egelesia na kati kati na mayangani. Ya solo, ezali na basungi ba oyo basengeli kobima libanda mpona misala na bango mpe mpona kosunga mayangani. Kasi, libanda na makambo na motuya, epusi malamu na kotambola kaka sima na mayangani esili mpenza. Bato misusu bakanisaka ete,"tokoki kaka koyoka mateya," mpe kokende kaka liboso na mayangani kosila, kasi oyo ezali bisalela

Mayangani na lelo ekoki kokamisama na kotumba mbeka kati na Boyokani na Kala. Na tango batumbi mbeka, basengeli kokata nyama na biteni biteni nde bongo bakotumba biteni nioso (Lewitiko 1:9).

Yango, na lolenge na lelo, elakisi ete tosengeli kopesa mayangani malamu mpe esengeli kobanda ebandeli kino na suka kolandana na makambo matiama mpe ba formalite. Tosengeli kolanda molongo mobimba na kati na mayangani na motema mobimba, kobanda na libondeli na kimya kino tango tokosilisa na lipamboli na libondeli na Nkolo. Na tango tokoyemba masanjoli to tokobondela, to ata na tango na kopesa mabonza mpe mayebisi, tosengeli kopesa mitema na biso nioso. Pembeni na mayangani official, na mayangani nioso na mabondeli, kongumbamela na masanjoli, to mayangani na ba cellules, tosengeli kobonza yango na mitema na biso mobimba.

Kosanjola Nzambe na mitema na biso mibimba, nay ambo, tosengeli te kokoma na retard kati na mayangani. Ezali malamu te kozala na retard na bokutani na bato misusu, mpe boni mabe ekozala soki esalemi liboso na Nzambe? Nzambe Azelaka kaka na esika na mayangani mpona kondima kongumbameli na biso.

Na bongo, tosengeli kaka te koya na mbala moko liboso na mayangani kobanda. Epusi malamu na bizaleli kokoma liboso mpe kobondela na tubela mpe kobongisama mpona mayangani. Lisusu, kosalela cellulaire kati na mayangani, kotika bana mike bakima mpe basakana zinga zinga kati na mayangani ezali kosala na bosembo te. Kolia bazooka to bilei kati na mayangani ezali kati na bizaleli na bisalasala.

Lolenge na yo moko oyo okozala na yango mpona mayangani ezali mpe na motuya. Na momesano, ezalaka malamu te kolata bilamba na ndako to bilamba na mosala. Ezali mpo ete molato ezali lolenge na kotalisa botosi mpe komikitisa epai na moto mosusu. Bana na Nzambe ba oyo bandimela solo Nzambe bayebi lolenge nini motuya Nzambe Azali. Bongo, na tango bayei kongumbamela Ye, bakoyaka na molato na peto koleka bazali na yango.

Ya solo, ekoki kozala na exception. Mpona mayangani na mercredi to mpe veiller na vendredi, bato mingi bawutaka mbala moko na misala na bango. Na lolenge bakoya nokinoki mpona kokoma na tango, bakoki koya na bilamba na bango ya mosala. Mpona oyo, Nzambe Akoloba te ete basali na lolendo kasi Akosepela kutu mpo ete Akoyamba solo malasi na mitema na bango mpo ete bameki kokoma na tango esengeli kati na mayangani ata tango bakangami na misala na bango.

Nzambe Alingi kozala na lisanga na bolingo elongo na biso kati na mayangani mpe mabondeli. Yango ezali misala esengeli na bana na Nzambe kosala. Mingi, libondeli ezali lisolo na Nzambe.

Tango mosusu, na tango basusu bazali kobondela, moto akoki kobeta nbango na lipeka mpona kokata bango na mabbondeli mpo ete ezali na urgence.

Yango ezali lolenge moko na kokata bato mosusu na tango bazali kosolola na bakolo na bango. Lisusu, na tango bozali kosambela, soki bofungoli miso na bino to mpe bokati na mbala moko kaka mpo ete moto azali kobenga bino. Ezali mpe bisalela. Na likambo oyo, bosengeli naino kosilisa mabondeli, nde sima koyanola.

Soki tokopesa masanjoli mpe mabondeli na bison a molimo mpe na solo, Nzambe akozongisela biso mapamboli mpe makabo. Akoyanola mabondeli na biso nokinoki na koleka. Ezali mpo ete Azali koyamba malasi na mabondeli na bison a esengo. Kasi soki tokobakisa bizaleli mabe mpona mbula moko, mibale, mpe bongo na bongo, ikomatisa efelo na masumu liboso na Nzambe. Ata kati na mobali mpe muasi to kati na baboti mpe bana, soki relation ezanga bolingo ekobi, ekozala na bakokoso mingi. Ezali lolenge moko na Nzambe. Soki totondi efelo na masumu kati na bison a Nzambe, tokoka te kobatelama na bokono to makama, mpe tokoki kokutana na makambo kilikili. Tokoki te kozwa biyano kati na mabondeli na biso, ata soki tokobondela mpona tango molayi. Kasi soki tozali na bizaleli malamu kati na mayangani mpe mabondeli, tokoka kosilisa makambo na lolenge na lolenge.

Egelesia Ezali Ndako Esantu na Nzambe

Egelesia ezali bisika oyo Nzambe Azalaka. Nzembo 11:4 elobi ete, "Yawe Azali kati na Tempelo na Ye na bulee; Efandelo na Yawe ezali na likolo."

Na tango na Boyokani na Kala, kaka moto nioso akokaki kokota kati na esika na bulee te. Kaka nganga Nzambe akokaki kokota. Kaka mbala moko na mbula mpe kaka nganga Nzambe mokonzi akokaki kokota na esika na bulee koleka kati na esika na Bulee. Kasi lelo, na ngolu na Nkolo na biso, moto nioso akoki kokota kati na ndako na Nzambe mpe kongumbamela Ye. Ezali mpo ete Yesu Asikola bison a masumu na bison a makila ma Ye, lolenge elobama na Baebele 10:19 ete, "Boye bandeko tozali na molende ete toingela na eisika na bulee mpona makila ma Yesu."

Sanctuaire ezali kaka esika tozali kongumbamela te, ezali esika nioso kati na lopango na egelesia, ata libanda na egelesia mpe makambo nioso kati na lopango. Na bongo, bisika nioso tokozala kati na egelesia, tosengeli kokeba ata mpona ata liloba moko mpe ezaleli. Tosengeli te kozwa kanda to mpe koswana, to mpe kolobela makambo na mokili to mpe bombongo kati na lopango na egelesia. Ezali lolenge moko na kokambaka na bokebi tebiloko esantu na Nzambe kati na egelesia to kobebisa, kobuka, to kolekisa miango.

Mingi mingi, kosomba to mpe kotekisa eloko nini to nini kati na egelesia ekoki kondimama te. Lelo, na kotiama na bosombi na Internet, bato misusu bakofutaka oyo bango basombaki kati na egelesia mpe bakomemela bango biloko yango kati na egelesia. Yango ezali solo bombongo. Tosengeli kobanza ete Yesu apanzaki ba mesa na ba changeurs nna mbongo mpe Abenganaka batekisi na ba nyama. Yesu Andimaka at ate ba nyama oyo basengelaki na mbeka na kotekisama kati na Tempelo. Bongo, tosengeli te kosomba to kotekisa eloko nini kati na egelesia mpona ba posa na biso moko. Ezali lolenge moko na mesa na biloko kati na lopango na egelesia.

Bisika nioso kati na egelesia masengeli kotiama pembeni mpona kongumbamela Nzambe mpe kozala na lisanga na bandeko mibali mpe na basi kati na Nkolo. Tango tokobondelaka mpe kozala na bokutani kati na egelesia, tosengeli na kokeba ete tolongwa na bosantu na egelesia te. Soki tolingaka egelesia, tokosala na bisalela te kati na egelesia lolenge ekomama na buku na Nzembo 84:10 ete, "Pamba te mokolo moko kati na lopango nay o eleki mikolo misusu nkoto na malamu. Nakopona ekuke na ndako na Nzambe na ngai liboso na kofanda na hema na bato mabe."

Kosala Lolenge Esengeli Te Epai Na Bato

Biblia elobi ete ye oyo alingaka ndeko na ye te akoki kolinga Nzambe te. Soki tokosala bisalela epai na bato misusu bamonani na miso, lolenge nini tokoka kozala na botosi eleka mpona Nzambe oyo akoki komonana te?

"Soko moto nani alobi ete,'Nalingi Nzambe', nde azali koyina ndeko na ye, ye wana moto na lokuta.mpo ete ye wana akolingaka ndeko na ye te wana esili ye komona ye, akolonga kolinga Nzambe te, oyo amoni naino Ye te. (1 Yoanne 4:20).

Tika totala misala masengeli te kati na bomoi na biso, oyo tozangaka kososola. Na momesano, soki tokolukaka lifuti na biso moko na kokanisaka likolo na position na basusu te, ekozala na misala mingi na bozangi botosi. Ndakisa, na tango tozali kososlola na telephone, tozali mpe na bizaleli na kobatela. Soki tokobenga na butu makasi to mpe tokosolola na telephone tango molayi mpenza na moto oyo azali na misala mingi, ikomema pasi epai na ye.Kozaa na retard mpona rendez-vous to mpe kokende kotala moto na ndako na ye na mbalakata to koya kaka bongo mizali ba ndakisa na bozangi bizaleli malamu.

Moto akoki kkanisa ete, "Tosi tomesana bongo ekozala malamu te mpona kokanisa makambo mana nioso kati na biso?" Bokoki ozala na bososoli malamu mpona makambo matali moninga na bino. Kasi ezali kaka pasi mpona kososola motema na mosusu na 100%. Tokoki kokanisa été tozali kotalisa kimoninga na biso epai na mosusu, kasi akoki mpe kozwa yango na bokeseni. Na bongo, tosengeli komeka kokanisa na ngambo na mosusu. Tosengeli mingi kokeba na kosala na bizaleli mabe epai na bato misusu soki azali pembeni to mpe malamu na biso.

Mbala mingi tokoki koloba maloba mazanga tina to kosala bisalasala na kozokisaka koyoka na mosusu to kosala bato wana mabe ba oyo pembeni na biso. Tosalaka na lolenge mabe epai na ba oyo pembeni na biso to bandeko na libota na biso, mpe suka suka boyokani ekoki kobeba to mpe kokatana. Lisusu, bato mikolo misusu basalelaka ba oyo na nse na bango to mpe na bambula moke lolenge na malamu te. Bakolobaka na botosi te, to bazali na ezaleli na kopesa mitindo na komema mosusu na koyoka mabe.

Kasi lelo ezali pasi na komona bato ba oyo na motema mobimba bakosalelaka baboti na bango, balakisi, mpe bakolo, ba oyo tosengeli solo kosalela. Basusu bakoki koloba ete makambo masi ma mbongwani, kasi ezali na eloko moko oyo embongwanaka soko te. Lewitiko 19:32 elobi ete, "Okotelema liboso na nsuki pembe mpe okokumisa mobali anuni mpe okobanga Nzambe na yo; Ngai Nazali Yawe." Mokano na

Nzambe mpona biso ezali ete tosala mosala na biso nioso na bato. Bana na Nzambe Basengeli mpe kobatela mobeko mpe molongo na mokili oyo kasi na kosala lolenge balingi te. Ndakisa, soki tokomema mobulu na balabala, kobwaka soyi na balabala, to kobuka mobeko na nzela, ezali kosala lolenge esengeli te liboso na bato ebele. Tozali Bakristu ba oyo basengeli kozala mwinda mpe mungwa na mokili, nde tosengeli kokeba na maloba na biso, misala mpe bizaleli.

Mobeko na Bolingo Yango Nde Eleki

Mingi na bato balekisaka mingi na ba tango na bango na bato misusu, kokutana mpe kosolola na bango, kolia na bango, mpe kosalaka na bango. Na lolenge wana, ezali na ba lolenge mingi na ba etiquette culturel kati na bomoi na bison a mokolo na mokolo. Kasi moto nioso azali na etape ekeseni na education, mpe lolenge na kobika ekeseni kolandana na mboka na mboka mpe kati na ba langi na ba poso. Bongo, nini esengeli ezala standard na bizaleli na biso ?

Ezali mobeko na bolingo yango ezali kati na motema na biso. Mobeko na bolingo elakisi mobeko na Nzambe oyo Ye moko Azali bolingo. Mingi mingi, na lolenge tokomi Liloba na Nzambe kati na motema na biso mpe tokosalela yango. Tokozala na bizaleli na Nkolo mpe tokosala na bisalasala te. Mosusu kati na mobeko na bolingo ezali 'kondima bato'.

Moto azalaka kosala nzela na ye kati nab utu makasi na mwinda na loboko na ye. Moto mosusu azalaka kokende na nzela na ye na ngambo mosusu, nde tango amonaki moto oyo mosusu na mwinda, asosolaki ete azalaki mokufi miso. Nde amitunaki tina nini azalaki komema mwinda ata soki akokaki komona te. Bongo alobaki ete, "Ezali mpo ete otutana na ngai te." Tokoki koyoka likambo likolo na kondima baton a lisolo oyo.

Komitia na esika na bato, ata soki emonani pasi te, ezali na nguya makasi na kosimba mitema na bato. Misala misengela te mikoyaka na kondima bato te, yango elakisi ete ezali na bozangi na bolingo. Soki solo tokolingaka basusu, tokoluka tango nioso na komitia na esika na bango mpe kosala na lolenge mabe te.

Kati na mosala na bilanga soki balongoli ba mbuma mingi nan se kati na ba mbuma nioso, ba mbuma oyo ikoli mikozwa ba vitamin nioso itikali nde ba poso na yango mikozala makasi mingi mpe mikozala na sukali malamu mpe te. Soki tokomitiaka na esika na basusu te, na ngonga moko tokoka kosepela makambo nioso mazali te, kasi tokokoma kaka na elengi te mpe na poso eleki makasi lokola ba mbuma oyo baleisi mingi na koleka.

Na bongo, kaka lolenge Bakolinti 3:23 elobi ete, "Soko bozali kosala nini, botia mitema na kosala bongo; lokola mpona kosalela bato te kasi kosalela Nkolo." Tosengeli kosalela bato nioso na botosi eleki botosi nioso na lolenge tozali kosalela Nkolo.

7. Bolingo Elukaka Lifuti na Yango Moko Te

Na mokili oyo modern, ezali pasi te mpona komona moyimi. Bato bakolukaka lifuti na bango moko mpe bolamu na bato nioso te. Na ba mboka misusu batiaka ba produit chimique mabe kati na miliki na bana. Bato misusu bakomemaka pasi makasi na ba mboka na bango moko na koyibaka technologie oyo ezali motuya mingi na ekolo na bango.

Likolo na likambo na "likama na sima na lopango na ngai te", ezali pasi mpona mbula matari kotonga ba facilite publique lokola ba jardin to mpe crematoire publique te. Bato bakipa likolo na bolamu na bato misusu te kasi kaka likolo na bolamu na bango moko. Ata soki makasi lokola makambo nalobeli te, tokoki mpe komona misala mingi na moyimi kati na bomoi na biso na mokolo na mokolo.

Ndakisa, baninga na mosala to baninga kaka bakendaka kolia elongo. Basengeli kopona nini kolia, mpe moko kati na bango akobetisa sete na nini alingi kolia. Moto mosusu akolanda nin moto oyo mosusu alingi, kasi kati na ye ayoki malamu te. Ata bongo mosusu mpe akotuna nanu nini elobi mosusu. Nde, alinga bilei yango moninga aponaki to te, akolia yango kaka na esengo. Na ngambo nini bino bozali?

Lisanga na bato bazali na bokutani mpona kobongisa milulu. Bzali na makanisi kilikili. Moto moko akomeka kondimisa basusu kino tango bango bakondima ye. Mosusu akobetisa sete na oyo elingi ye mingi te, kasi soko asepeli na likanisi na moto mosusu te akotalisa yango, nde akondima.

Kasi mosusu mpe akoyoka basusu na tango nioso bakopesa likanisi na bango. Nde, ata soki likanisi na bango ikesana na oyo na ye, akomeka kolanda yango. Bokeseni na lolenge oyo iyaka kolandana na ebele na bolingo mosusu azali na yango kati na motema.

Soki ezali na kowelana na makanisi iye imemaka na koswana to kowelana, ezali mpo ete bato bakolukaka oyo na bango, na bobetisaka sete likolo na makanisi jna bango moko. Soki babalani bakobetisa sete kaka na likanisi na moko, bakobanda tango nioso kobendana mpe bakokoka na kosososlama te. Bakoki kozala na kimya soki bakomikitisa mpe kososola moko, kasi kimya imesene na kobebisama mpo ete moto na moto akotelemela oyo emoni ye malamu.

Soki tolingi moto, tokomitungisa mpona moto yango koleka biso moko. Tika totala bolingo na baboti. Baboti mingi bakanisaka naino bana na bango mbe na bango moko. Nde, ba mama bakolinga koyoka ete, "Muana nay o na mwasi azali kitoko mpenza," mbe "Ozali kitoko." Bisika oyo esengelaki na bango kolia bilei kitoko, bakoyoka esengo eleki tango bana na bango bakolia malamu. Bisika bango moko kolata bilamba malamu, bakoyokaka esenge eleki na kolatisa bana na bango malamu. Lisusu, bakolinga bana na bango bazala mayele koleka bango moko. Bakolinga bana na bango bandimama mpe balingama koleka bango moko. Soki tokopesa bolingo na lolenge oyo epai na bazalani na biso mpe bato nioso, boni esengo Nzambe Tata Akozala na yango mpona biso!

Abalayama Alukaki Lifuti na Basusu na Bolingo

Mpona kotia kotia bolamu na basusu liboso na oyo na biso moko ekowutaka na bolingo na komikaba mbeka. Abalayama azali ndakisa malamu na moto oyo akolukaka lifuti na basusu liboso na oyo na ye moko.

Na tango Abalayama azalaki kolongwa mboka na ye, muana nkasi na ye Lota alandaki ye. Lota mpe azwaki mapamboli minene mpona Abalayama mpe azalaki na ba nyama mingi mpenza nde ezalaki na main a kokoka te mpona komelisa bitonga na Abalayama na oyo na Lota na mbala moko. Tango misusu babateli mpete na bango basengelaki na koswana.

Abalayama alingaki te ete kimya etika, nde apesaki na Lota nzela na kopona nay ambo mabele nini esepelisaki ye na kozwa ye akolongwa mpona kozwa mosusu. Motuya eleki na ba mpate ezalaki matiti mpe mai. Bisika bazalaki ezalaki na matiti na kokoka te mpe mai mpona bitonga nioso, mpe mpona kotika mabele malamu ezalaki lolenge moko na kopesa nioso esengelaki mpona kobika.

Abalayama akokaka kozala na komitungisa makasi boye mpona Lota mpo ete Abalayama alingaka ye mingi. Kasi Lota asosolaka mpenza bolingo oyo na Abalayama te; aponaka kaka mabele malamu, valey na Yordani mpe ngambo na loboko na mwasi. Bongo Abalayama ayokaki mabe na komonaka Lota kopona mbala moko na kokanisa ten a nini ezalaki malamu mpona ye? Soko te! Azalaki na esengo ete muana nkasi na ye aponaki mabele malamu.

Nzambe Amonaki motema malamu oyo na Abalayama mpe Apambolaki ye kutu ebele na koleka bisika nioso akendaki. Akomaki mozwi monene oyo apesamaki respect ata na bakonzi na mboka azalaki. Lolenge etalisami awa, tokozwa solo mapamboli na Nzambe soki tokoluka bolamu na bato misusu liboso nde oyo na biso te.

Soki tokopesa eloko na biso moko epai na balingami na biso, esengo ekozala makasi koleka nioso. Ezali lolenge na sai oyo kaka ba oyo bapesaki eloko na motuya mingi na balingami na bango bakoka kososola. Yesu azalaki na bolingo na yango. Esengo na koleka oyo ikoki kokolisama na tango tokolisi bolingo na kokoka. Ezali pasi na kopesama epai na ba oyo toyinaka, kasi ezali soko pasi te kopesa yango epai na ba oyo tolingaka. Tokozala na esengo na kopesa.

Kosepela Esengo Monene Eleki

Bolingo na kokoka esalaka ete tosepela esengo na koleka. Mpe mpona kozala na bolingo eleki lolenge na Yesu, tosengeli komona basusu ete baleki biso. Bisika na biso moko, bazalani na biso, Nzambe, Nkolo, mpe egelesia isengeli kozala priorite na biso, nde soki tokosalaka bongo, Nzambe Akosalela biso. Akozongisela biso oyo eleki na tango tozali koluka bolamu na basusu. Na Lola ekobombama mabonza na biso. Yango Nzambe Alobi kati na Misala 20:35 ete, "Esengo na kopesa eleki esengo na kozwa."

Awa tosengeli kozala polele likolo na eloko moko. Tosengeli te komema kokoso na nzoto mpona biso moko na kosalaka na bosembo mpona bokonzi na Nzambe likolo na makoki na ba nzoto na biso. Nzambe Akoyamba mitema na biso soki tomeki kozala sembo likolo na makoki na biso. Kasi ba nzoto na bison a mosuni esengeli kopema. Tosengeli mpe kotala bofuluki na milema na biso kati na mabondeli, kokila bilai, mpe koyekola Liloba na Nzambe, mpe kaka kosala mpona egelesia te.

Bato misusu bakomemaka kokoso to pasi likolo na mabota na bango to bato misusu na kolekisaka tango mingi kati na makambo ba bonzambe to na egelesia. Ndakisa, bato misusu bakoki kosala misala na bango malamu te mpo ete bazali kokila. Bana misusu bakoki kozanga kotanga kelasi na bango mpo ete bazali na milulu na eyenga. Na makambo likolo, bakoki kokanisa ete balukaki lifuti na bango moko te mpo ete bakobi na kosalaka makasi. Kasi, ezali mpenza solo te. Ata soki bazali kosalela Nkolo, bazali sembo na ndako mobimba na Nzambe te, nde elakisi ete bakokisaki mosala nioso na bana na nzambe te. Na bongo, balukaki kaka lifuti na bango moko.

Sasaipi nini tosengeli kosala mpona kokima kolukaka lifuti na biso moko na makambo nioso? Tosengeli komitika na maboko na Molimo Mosantu. Molimo Mosantu, oyo Azali motema na Nzambe, Akambaka biso kati na solo. Tokoki kaka kobika mpona nkembo na Nzambe soki tokosala makambo nioso na kotambwisama na Molimo Mosantu kaka lolenge ntoma Polo alobi ete, " "Boye, soko bokoliaka soko bokomelaka, soko bokosalaka nini,bosala nioso mpona nkembo na Nzambe." (1 Bakolinti 10:31).

Mpona kokoka kosala lokola elobami likolo, tosengeli kolongola mabe kati na motema na biso. Lisusu, soki tokokolisa bolingo na solo kati na motema na biso, bwanya na bolamu ekokitela biso mpo ete tokoka kososola mokanoo na Nzambe kati na makambo nioso. Lokola na likolo, soki molema na biso ifuluki, makambo nioso makotambola malamu mpe tokozala nzoto malamu, nde tokoka kozala sembo epai na Nzambe na kotondisama. Tokolingama mpe epai na bazalani na biso mpe bandeko na libota na biso.

Na tango babalani na sika bayaka kozwa libondeli na mapamboli epai na ngai, nabondelaka mingi mpona bango baluka bolamu na mosusu na liboso. Soki bakobanda koluka oyo na bango, bakokoka na kozala na kimya na libota te.

Tokoki koluka bolamu na ba oyo tolingaka to ba oyo bakoki kozala lisungi mpona biso. Kasi boni boni mpona ba oyo bazali kopesa biso kokoso na makambo nioso mpe tango nioso balukaka lifuti na bango moko? Nde nini mpona ba oyo bazali kopesa biso pasi na makambo nioso mpe tango nioso bakolandaka lifuti na bango moko? Mpe, nini mpona ba oyo bamemaka kokoso to kobungisa biso, mpe ba oyo bakoki komemela biso lifuti moko te? Boni tokosalaka epai na ba oyo bakosala kati na solo te mpe bakolobaka maloba mabe na tango nioso?

Mpona makambo mana, soki tokokima kaka bango to soki tokozala na posa na komikaba te mpona bango, elakisi ete tozali koluka bolamu na biso moko. Tosengeli kozala na makoki na komikaba biso mpenza mpe kopesa nzela ata na ba oyo bazali na makanisi ekeseni na oyo na biso. Kaka wana nde tokoka kondimama lokola ba oyo bazali kopesa bolingo na molimo.

8. Bolingo Ikotungisaka Te

Bolingo iyeisaka mitema na basusu malamu. Na loboko mosusu, nkanda ikokomisaka yango mabe. Nkanda ikozokisaka motema mpe ikomisi yango moindo. Bongo, soki bozwi nkanda, bokoka te koingela kati na bolingo na Nxzambe. Motambo monene oyo moyini zabolo na Satana batielaka bana na Nzambe izali koyina mpe nkanda.

Na kotungisama ezali kaka kozwa kanda te, konganga, kolakela mabe, mpe kobundisa. Soki elongi na yo ebebisami, soki langi na yango embongwani, soki elobeli na bino embongwani, izali nioso misala na kotumbolama. Ata soki lolenge na kozongisa ekesana kolandana na eloko na eloko, ezali kaka ezaleli na komonana na koyina mpe na koyoka motema mabe. Kasi bongo, kaka na komona lolenge na moto, tosengeli ten a kokatela to mpe kosambisa ete azali na nkanda. Ezali pete te mpona moto nioso asosola mpenza motema na moto mosusu.

Yesu Abenganaka ba oyo bazalaki kotekisa kati na Tempelo. Batekisi babongisaki ba mesa mpe misolo na echange mpe bazalaki kotekisa bibwele na ba oyo bazalaki koya na Tempelo na Yelusaleme mpona kobatela Pasika. Yesu azali mpenza na bopolo; Angangaka to mpe atombolaka mongongo te, mpe moto moko te ayoka mongongo na ye na nzela. Kasi na komonaka likambo oyo, ezaleli na Ye ekesanaka na oyo na mikolo nioso.

Asalaka fimbo na bikekele mpe Abenganaki bam pate, ba ngombe, mpe bibwele misusu. Abalulakibalulaki ba mesa misusu na ba changeur na misolo mpe batekisi na bakanga. Tango bato zinga zinga na Ye bamonaki Yesu oyo, bakokaki komona ete

Azalaki na nkanda. Kasi na tango wana, ezali te ete azalaki na nkanda likolo na koyoka mabe moko te lokola koyina. Kasi na tango wana Azalaki kaka na kanda Esantu. Na likambo yango, Atika biso tososola ete kanda mpo ete Tempelo na Nzambe ebebisami ikoki kondimama te. Lolenge na bosembo oyo ezali lifuti na bolingo mpona Nzambe oyo Akokisaka bolingo kati na Bosembo na Ye.

Bokeseni Kati naNkanda na molimo mpe Nkanda

Na Malako chapitre 3, na mokolo na Saba Yesu Abikisaki moto kati na synagogue oyo akawukaka loboko. Bato bazalaki kotala Yesu na komona soki Akobikisa moto na mokolo na Saba mpo ete bakoka kofunsa Ye na kobuka Saba. Na tango yango,, Yesu Ayebaka mitema na bato wana mpe Ye Atunaki ete,, "Na Sabata ekoki kosala malamu soko kosala mabe? Kobikisa soko koboma? (Malako 3:4)

Makanisi na bango matalisamaki, mpe bazalaki lisusu na eloko na kobakisa te. Nkanda na Yesu epelaki likolo na mitema na bango mabanga.

"Ye mpe Atambolisi miso na Ye likolo na bango na nkanda, Ayoki mawa na ntina nan kaka na mitema na bango. Alobi na moto yango ete, 'Sembola loboko na yo!'" ye asemboli yango mpe loboko yango ebiki (Malako 3:5).

Na tango wana, bato mabe bvamekaka kaka kokatela mpe koboma Yesu, oyo azalaki kaka kosala misala malamu. Nde, bba tango misusu, Yesu asalelaki maloba makasi epai na bango. Ezalaki kosunga bango basosola mpe balongwa na nzela na libebi. Lolenge moko, kosepela te kati na bosembo na Yesu ebimaki wuta na bolingo na Ye. Lolenge oyo na ba tango misusu azongisaka baton a bolamuki mpe ekambaka bango na bomoi. Ezali na lolenge oyo nde kotumbolama mpe kozala na kosepela te kati na bosembo mikesani mpenza. Kaka na tango moto abulisami mpe azali na lisumu moko te,, Pamela mpe bozongisi kati na nzela mikopesaka bomoi epai na milimo. Kasi soki kobulisamaa ezali te kati naa motema, moto akoka kobimisa ba mbuma na lolenge oyo te.

Ezali na ba tina mingi wapi bato bazwaka kanda. Yambo ezali mpo ete makanisi na bato mpe oyo bakolikyaka mikesana. Moto nioso azali na lisituale ekesana na libota na ye mpe education, nde mitema na makanisi na bango, mpe lolenge na kokatela mizali nioso na bokeseni. Kasi bamekaka mosusu akokana na makanisi na bango, mpe na nzela na kosalaka bongo, bakozwa motema pasi.

Toloba ete mobali alingaka bilei na mungwa na tango muasi alingaka yango te. Muasi akoki koloba été, « Mungwa ebele mingi izali malamu te mpona nzoto na yo, mpe osengeli kolia mungwa moke." Apesi toli oyo mpona nzoto na mobali na ye. Kasi soki mobali alingi yango te, asengeli te kobetisa sete mpona yango. Basengeli koluka nzela mpona bango nioso mibale mpona kosalela moko moninga. Bakoki kosala libota malamu na tango bakomekaka elongo.

Mibale, moto akoki kozwa kanda na tango basusu bazali koyoka ye te. Soki azali mokolo koleka to na pete likolo, akolinga ete basusu batosa ye. Ya solo, ezali malamu kotosa mikolo to kotosa ba oyo bazali na esika na bokambi kati na lisanga, kasi ezali malamu te mpona bato wana komema na makasi na oyo nan se na bango batosa bango mpe lokola.

Ezali na makambo na tango moto na ebonga likolo kati na molongo akoyokela ba sinzili na ye soko te kasi akolinga kaka balanda oyo elobi ye. Na makambo misusu bato bakobungisa na tango babungisi to mpe basaleli bango lolenge esengeli te. Lisusu, moto akoki kozwa kanda na tango bato balembi ye na tin ate, to na tango makambo masalami te lolenge elingelaki ye; to soki bato bakotuka to kolakela ye mabe.

Liboso na bango kozwa nkanda, bato bazalaka na lolenge na mabe kati na mitema na bango. Maloba to mpe misala na basusu mikolamusaka kaka ba lolenge yango. Solo koningisama na ezalali yango ewutaka na nkanda. Na momesano, kozala na ezaleli oyo mabe kati na moto ezale etape na yambo mpona koyoka nkanda. Tokoki te kozinda kati na bolingo na Nzambe mpe bokoli na bison a molimo ikobebisama makasi soki tozwi kanda. Tokoki komibongola ten a solo na lolenge oyo tokozalaka na koyoka mabe, mpe tosengeli kolongwa na kotumbolama, mpe kopikola nhanda yango mpenza. 1 Bakolinti 3:16 elobi ete," "Boyebi te ete bozali esambelo na Nzambe mpe Molimo na Nzambe Afandi kati na bino?"

Tika ete tososola ete Molimo Mosantu Azali kozwa motema na biso lokola Tempelo mpe Nzambe Atalaka biso tango nioso, mpo ete tokoka te kotumbolama kaka mpo ete eloko moko ekokani na makanisi na biso te.

Nkanda Na Moto Ekokisaka Bosembo Na Nzambe Te

Mpona oyo etali Elisa, azwaki epakolami mbala mibale koleka na molakisi na ye, molimo na Elia, mpe atalisaka misala eleki na nguya na Nzambe. Apesaki muasi ekomba lipamboli na mabota; asekwisa mokufi, abikisa moto na malali na mbala, mpe abetaka mapinga na bayini. Ambongolaki mai makomelamaka ten a mai malamu na kotiaka mongwa kati na yango. Aya bongo, akufaki na bokono, yango ezalaki mpenza te mpona mosakoli monene na Nzambe.

Nini tina ekokaki kozala? Ezalaki na tango azalaki komata na Bethel. Etuluku na bilenge babimaki na engumba mpe bakomaki koseka ye, mpo ete azalaki na suki mingi te, mpe lolenge na ye ezalaki mpenza malamu te. "Telema moto na libandi, telema moto na libandi!" (2 Mikonzi 2:23)

Mibale kaka te, kasi ebele na bana mabe bakobaki na kolanda mpe koseka Elisa, mpe abungisaki kimya. Makasi mpona mosakoli, mpe akokaki lisusu kokanga motema te.

Bethel ezalaki lokola mboka na bangumbameli bikeki na Yisalele na likolo sima na bokabwani na ekolo. Bana mabe na esika wana basengelaki kozala na mitema mabanga likolo na esika na kongumbamela bikeko. Basengelaki na kokanga nzela, kobwakela Elisa soyi, to ata kobeta mabanga likolo na ye. Suka suka Elisa alakelaki bango mabe. Bangombolo mibale na basi babimaki na zamba mpe babomaki ntuku minei na bango.

Ya solo bamimemelaki pasi na kosekaka moto na Nzambe na esika elekaki, kasi elakisi ete Elisa azalaki na kanda. Tala tina tokoki komona ete akufaki na bokono. Tokoki komona ete ezali malamu te mpona bana na Nzambe batumbolama. "Pamba te nkele na bato ekosala boyengebeme ma Nzambe te" (Yakobo 1:20).

Kotumbolama Te

Nini tosengeli kosala mpona kozwa nkanda te? Bongo tosengeli kofina yango na komikamba? Lolenge tokofina main a kotiola, yango ikozwa makasi mpe na tango tolongoli mosapi ekomata makasi koleka. Lolenge moko na nkanda. Soki tokoluka kokanga yango, tpkoka kokima mobulu mpona tango moko, kasi solo ekopasuka kaka na tingo moko. Na bongo, mpona kotumbolama te, tosengeli kolongola koyoka nkanda yango moko. Tosengeli ti kofina yango kasi kobongola nkanda na biso na bolamu mpe bolingo mpo ete tokoka kofina eloko moko te.

Ya solo tokoka te kolongola lolenge nioso na koyoka nab utu moko mpe ko remplacer yango na bolamu mpe bolingo. Tosengeli komekaka mokolo na mokolo. Na ebandeli, na situation na kotumbolama, tosengeli kotika yango na maboko na Nzambe mpe kokanga motema. Ilobama kati na kotanga na Thomas Jeferson, President na misato na America ete, "Tango ozwi nkanda, tango mbala zomi liboso na koloba; soki nkanda makasi, mbala mokama." Masese na Coree elobaka ete"mbala misato kokanga motema ekopekisa koboma."

Tango na kanda, tosengeli kolongwa mpe kokanisa likolo na lifuti nini ikomemela biso soki tozwi nkanda. Bongo, tokosala eloko moko te mpona ko regreter to likambo na koyoka soni. Na lolenge tokomeka kokanga motema na nzela na mabondeli mpe lisungi na Molimo Mosantu, tokolongola na kala te koyoka mabe na kanda yango moko. Soki tomesanaka kozwa kanda mbala zomi, ikobanda na kokita mbala libwa mpe mwambe mpe bongo na bongo. Sima, tokozala kaka na kimya ata na likambo na kotumbola. Boni esengo tokozala na yango! Masese 12:16 elobi ete, Nkanda na zoba emonani kaka na tango na yango, nde moto na mayele akobomba nsoni na ye."" Mpe Masese 19:11 elobi ete, "Bosososli na moto na mayele ekozikisa nkanda na ye;, nkembo na ye ezali ete akolimbisa masumu."

'Nkanda' ezali mpenza mosika te na 'Likama.' Tosengeli kososola boni likama ezali na kozwa nkanda. Elonga na suka ekozala na ye oyo akangi motema. Bato misusu basalelaka komikanga na tango bazali kati na egelesia ata na likambo oyo ikoki komemela ye nkanda, kasi bakozwa nkanda na mbango na ndako, na mosala, to na kelasi. Nzambe Azalaka te kaka na egelesia.

Ayebi efandeli mpe etelemeli na biso, mpe liloba nioso tokolobaka mpe likanisi nioso tozali na yango. Atalaka biso bisika nioso, mpe Molimo Mosantu Afandaka na mitema na biso. Boye, tosengeli kobika lokola tozalaki kotelema liboso na Nzambe na tango nioso.

Babalani moko boye bazalaki koswana, mpe mobali kati na nkanda agangelaki muasi na ye mpe akangisaki ye monoko. Azalaki mpenza choque nde akokaki lisusu kofungola monoko te kino na mokolo na kufa na ye. Mobali oyo atalisaki ezaleli na ye na nkanda epai na muasi na ye mpe muasi mpe anyokwamaki mpe lokola. Kotumbolama ekoki komema bato mingi na konyokwama, mpe tosengeli kobunda mpona kolongola lolenge nioso na koyoka mabe.

9. Bolingo Ekobombaka Mabe na Motema Te

Kati na mosala na ngai na boNzambe nakutana na bato lolenge na lolenge. Basusu bakoyokaka emotion na bolingo na Nxzambe kaka na kokanisaka likolo na Ye mpe bakobanda kotangisa mpinzoli na tango basusu bazali na kobundabunda kati na bango mpo ete bayokaka bolingo na Nzambe na mozindo na motema tea ta soki bandimela mpe balingaka Ye.

Lolenge tozali koyoka bolingo na Nzambe etali lolenge nini tolongoli masumu mpe mabe. Na lolenge tozali kobika kolandana na Liloba na Nzambe mpe tolongoli mabe kati na motema na biso, tokoka koyoka bolingo na Nzambe na mozindo na motema na bison a kotika te kati na bokoli na bondimi na biso. Tokoki tango mosusu kokutana na ba kokoso na nzela na bison a kondima, kasi na ba tango wana tosengeli kokanisa bolingo na Nzambe oyo Azali kozela bison a tango nioso. Na lolenge tokokanisa bolingo na Ye, tokobomba mabe moko ten a motema.

Kobomba Mabe Kati na Motema

Kati na buku na ye Lobiko na bomoi Addiction Ebombana, Dr, Archibald D. Hart, dean ya kala na kelasi na Psychologie na Seminaire na Theologie Fuller, alobaki ete, moko kati na bana minei na America azali kati na kotungisama na depression makasi, mpe yango, drogue, sex, internet, komela masanga, mpe makaya mizali kobebisa bomoi na bilenge.

Lolenge bakangami na makambo oyo batiki kosalela biloko mizalaki kopekisa bango kokanisa, koyoka kosala, bakotikala na moke, mpona komeka. Wana bakoki kobaluka mpona koluka eloko mosusu mpona kobalola bongo na bango. Makambo mana makoki kosangisa sex, bolingo mpe boyokani (SBB). Bakoki te kozwa kosepelisa na solo na eloko nini, mpe bakoka mpe te koyoka ngolu mpe esengo iye ewutaka na boyokani na Nzambe, nde bongo bakozala na bokono makasi, kolandana na Dr. Hart. Addiction ezali komeka kozwa esepelisi na makambo misusu mbe ngolu mpe esengo ekopesamaka na Nzambe, mpe ezali libonza na kobwakisa Nzambe. Moto na addiction akokanisa solo likolo na oyo basalaki ye na tango nioso.

Ssaipi, nini konyokwama na likambo osali te ezali? Elobeli makambo mabe nioso, oyo ekokani na mokano na Nzambe te. Kokanisa likolo na mabe ekoki kokabolama na biteni misato.

Yambo ezali Makanisi na Bino Ete Bolingi Ete Likama Ikomela Bato Misusu

Ndakisa, toloba ete bozalaki na koswana na moto mosusu. Nde, boyinaka ye mingi mpenza ete bokokanisa ete, "Nakolikya ete abeta libaku mpe akweya." Lisusu, toloba ete bozalaki na lisanga malamu te na mozalani, mpe eloko mabe ekomeli ye. Nde, bokokanisa été, malamu mpona ye !" to 'Nayebaki été ekosalema !" Mpona oyo etali bana kelasi, muana kelasi moko akoki koluka moninga azwa te na examen.

Soki bozali na bolingo na solo kati na bino, bokotikala kokanisa mabe na lolenge oyo te. Bongo bokolinga solo balingami na bino bakota na likama to mpe na bokono? Bokoluka solo ete molingami mobali to mpe mwasi na bino azala tango nioso nzoto makasi mpe na likama te. Mpo ete tozali na bolingo te kati na motema na biso, tokolikya ete likama ekomela basusu, mpe tokosepela na mawa na bato mosusu.

Lisusu, tokolinga koyeba lisumu to bolembu kati na moto

mosusu mpe kolobela yango soki apesi biso bolingo te. Toloba ete bokendaki kati na bokutani, mpe moto moko kuna azalaki koloba mabe na moto mosusu. Soki osepeli na lisolo na lolenge wana, nde, osengeli kotala motema nay o. Soki moto songolo azalaki kokosela baboti na yo makambo, okolinga koyoka yango? Okolobela bango ete batika na mbala moko.

Ya solo, ezali na tango mpe makambo wapi bosengeli koyeba makambo na basusu mpo ete bolingo kosunga bato wana. Kasi soki yango ezali bongo te mpe soki bokokoba na kosepela na koyoka likolo na makambo mabe na basusu, ezali mpo ete bozali na mposa na kokosela makambo mpe kotonga basusu. "Ye oyo akobomba lisumu azali koluka bolingo, nde ye oyo akolobaloba likambo libombami azali kotongola baninga mosika" (Masese 17:9).

Ba oyo bazali malamu mpe bazali na bolingo kati na mitema na bango bakomeka kobomba mbeba na basusu. Lisusu, soki tozali na bolingo na molimo, tokozala na likunia te to na zua na basusu tango bafuluki. Tokoluka kaka bango bazala malamu mpe balingama na basusu. Nkolo Yesu Alobelaki biso tolinga ata bayini na biso. Baloma 12; 14 elobi mpe ete, "Bopambola banyokoli na bino, bopambola kasi bolakela mabe te."

Elembo na mibale na makanisi mabe ezali makanisi na kosambisa mpe kokatela mabe basusu.

Ndakisa, toloba ete bomonaki mondimi mosusu akei bisika esengelaki na bandimi misusu kokende te. Bongo, makanisi na lolenge nini bokozala na yango? Bokoki kozala na makanisi mabe likolo na ye na lolenge bozali na mabe, na kokanisaka lokola, 'Lolenge nini akoki kosala bongo?' To, soki bozali na mua bolamu bokoki komituna, 'Pona nini asengeli kokende esika na lolenge oyo?', kasi bongo, bokobongola makanisi na bino mpe kokanisa ete asengelaki kozala na tina na kosala bongo.

Kasi soki bozali na bolingo naaa molimo kati na motema na bino, kaka na ebandeli, bokozala na likanisi moko na mabe te. Ata soki boyokaki likambo malamu te, bokosambisa soko kokatela moto yango te kaka soki bolandeli yango lisusu. Na makambo ebele, na tango baboti bayokaka likambo mabe likolo na bana na bango, lolenge nini bango bazongisaka? Bandimaka yango na pete te kasi kutu bakobetisa sete ete bana na bango bakoki kosala likambo na lolengeoyo te. Bakokanisa ete moto azali koloba makambo mana azali mabe. Na lolenge moko, soki solo bokolingaka moto, bokomeka kokanisela ye na lolenge malamu eleki.

Kasi lelo, tokomona ete bato bakokanisa mabe na basusu mpe bakoloba mabe likolo na bango na bopete. Isalemaka kaka na relation na moko na moko te, mpe bakotongaka at aba oyo bazali na ekolo.

Balukaka ata komona likambo mobimba ten a nini solo esalemaka, kasi bazali kopanza ba sanza na lokuta. Likolo na kozongisa mabe na internet, bato misusu bazali ata komiboma. Bazali kaka kosambisa mpe kokatela mabe na makanisi na bango moko kasi na Liloba na Nzambe te. Kasi nini ezali mokano malamu na Nzambe?

Yakobo 4:12 ekebisi biso ete, "Mopesi na mibeko mpe mosambisi azali bobole moko; Ye wana na nguya na kobikisa mpe na kobebisa. Yo nde nani kosambisa mozalani na yo?"

Kaka Nzambe Akoki solo kosambisa. Mingi mingi, Nzambe Alobeli biso ete ezali mabe kosambisa bazalani na biso. Toloba ete moto moko asalalaki solo likambo mabe. Kati na likambo oyo, ba oyo bazali na bolingo na molimo kati na bango, ezali motuya soki moto yango azali solo to ten a oyo asalaki. Bakokokanisa kaka na nini ezali motuya mpona moto yango. Bakolinga kaka molimo na moto yango ezala kofuluka mpe mpona ye alingama na Nzambe.

Lisusu, bolingo ekoka ezipaka kaka masengenya te, kasi mpe kosunga moto mosusu akoka na kotubela. Tosengeli mpe kokoka na kolakisa solo mpe kosimba motema na moto yango mpo ete akoka kokende na nzela malamu mpe abongolama. Soki tozali na bolingo na molimo ekoka, tosengeli te komeka kotala moto mosusu na bolamu. Tokolinga solo ata moto yango na masengenya ebele. Tokolinga kaka kosunga mpe kosalela ye. Soki tozali na makanisi na kosambisa mpe kokatela basusu mabe te, tokozala na esengo na oyo nioso tokokutana na ye.

Na Misato Na Makanisi Nioso oyo Ezali na kondimama te na mokano na Nzambe.

Kaka kozala na makanisi na mabe te likolo na basusu kasi mpe kozala na likanisi nioso iye ikokani na mokano na Nzambe te ezali makanisi mabe. Kati na mokili, bato oyo babikakak kolandana na standard na moral mpe kolandana na mitema na bango (conscience) elobanaka ete babikaka na bolamu.

Kasi ezala moralite to mpe motema (conscience) makoki kozala lolenge esengeli mpenza mpona bolamu. Yango mibale mizali na makambo oyo to mpe makeseni mpenza na Liloba na Nzambe. Kaka Liloba na Nzambe nde ikoki kozala standard na ekoka mpona bolamu.

Ba oyo bandimela Nkolo batatolaka ete bazali basumuki. Bato bakoki komitombola mpo ete bazali kobika malamu kati na bosembo, kasi kasi bazali naino mabe mpe bazali basumuki kolandana na Liloba na Nzambe. Ezali mpo ete eloko nioso oyo ezali kolandana na Liloba na Nzambe te ezali mabe mpe lisumu, mpe Liloba na Nzambe nde ezali epimeli esengeli na bolamu (1 Yoanne 3:4).

Bongo, nini bokeseni kati na lisumu mpe mabe? Na monene, lisumu mpe mabe mizali yango mibale solo te yango ezali etelemelaka solo oyo ezali Liloba na Nzambe. Mizali molili, yango ekeseni na Nzambe oyo Azali Pole.

Kasi na kokota kati na mozindo makasi mikesani mpenza. Kopimisa yango mibale na nzete, 'mabe' ezali lokola misisa oyo ezali kati na mabele mpe ikomonanaka te, mpe 'lisumu' ezali lokola bitape, makasa, mpe ba mbuma.

Soki misisa mizali te, nzete ekoka kozala na bitape te, makasa, to mpe ba mbuma. Lolenge moko, lisumu esosolami mpona mabe. Mabe ezali lolenge iye ezali kati na motema na moto. Ezali lolenge oyo ikotelemela bolamu, bolingo, mpe solo na Nzambe. Tango mabe oyo etalisami na lolenge moko boye, etalisami lokola lisumu.

Yesu Alobaki ete, "Moto malamu abimisi mpo malamu kati na makambo malamu mabombami kati na motema na ye, mpe moto mabe abimisi mpo mabe kati na makambo mabe, mpo ete monoko na ye elobi na makambo matondisi motema na ye" (Luka 6:45).

Toloba ete moto alobi likambo oyo eswi mosusu oyo ye ayinaka. Yango ezali tango mabe kati na motema etalisami lolenge na 'koyina' mpe 'maloba mabe', yango ezali masumu na lolenge moko. Lisumu esosolami mpe etalisami kolandana na standard ebengami Liloba na Nzambe, yango ezali mobeko.

Soki mobeko ezali te moto moko te akoki kopesa etumbu mpo

ete ezali na lolenge na bososoli mpe kosambisa. Lolenge moko, lisumu etalisami wuta yango etelemeli standard na Liloba na Nzambe. Lisumu ekoki kokabolama kati na makambo na mosuni mpe misala na mosuni. Makambo na mosuni mizali masumu mikosalema kati na motema mpe makanisi lokola koyina, likunia, zua, makanisi na ekobo bisika na misala na mosuni mizali masumu moto akosalaka na misala lokola koswana, kobwaka biloko to koboma.

Ezali lolenge moko na kokokana na masumu to koboma kati na mokili yango ekabolami kati na masumu mingi. Ndakisa, kolandana na nani asalaki to nani ekweyeli koboma, yango ekoki kozala mabe mpona ekolo, bato, to mpe na moto moko.

Kasi ata moto moko azali na mabe kati na motema na ye, ezali te ete akosala masumu. Soki azali koyoka Liloba na Nzambe mpe ayebi bimikanga, akoki kokima kosala masumu ata soki azali na mabe kati na motema na ye. Na esika oyo, akoki kaka kosepela ma kkokanisa ete asi akokisi kobulisama kaka mpo ete azali kosala masumu te.

Mpona kobulisama mpenza mpenza, tosengeli kokabwana na mabe oyo ezali kati na lolenge na biso, yango ezali nan se na mitema na biso. Kati na lolenge na moto ezali na mabe epesama na baboti na ye. Emonisamaka kati na makambo na momesano te kasi ekotalisama na likambo makasi makasi.

Lisese na Coree elobaka ete, "Moto nioso akomata lopango na mozalani na ye soki nzala ebeti ye mpona mikolo misato." Ezali lolenge moko na "Posa ezalaka na mobeko te." Kino tango tokobulisama na kokoka, mabe oyo ebatama ekoka kotalisama na likambo na makasi.

Ata moke mingi, nyei na nzinzi etikali kaka nyei. Mingi na

lolenge moko, ata soki mizali masumu te, makambo nioso maye mazali na kokoka te na miso na Nzambe Akoka, yango ekoki kozala lolenge na mabe. Yango tina 1 Batesaloniki 5:22 elobi ete, "...longwa na mabe na lolenge nioso." Nzambe Azali bolingo. Na moboko, mibeko na Nzambe mikoki kokangama kati na 'bolingo'. Mingi, mingi, ezali mabe mpe bozangi na mobeko soko tokolinga te. Na bongo, kotala soki kobombaka mabe na motema te, tosengeli kokanisa bolingo boni tozali na yango kati na biso. Na lolenge ete tolingi Nzambe mmpe milema misusu, tokobombaka mabe kati na motema te.

Lilako na Ye ezali boye ete tondima Nkombo na Mwana na Ye Yesu Kristu mpe tolingana pelamoko elakaki ye biso lilako. (1 Yoane 3:23).

Bolingo ekosalelaka mozalani mabe te; bongo bolingo ezali kokokisa Mibeko. (Baloma 13:10).

Kolanda Te Pasi Toyokaki na Oyo Tosalaki Te

Kolanda te pasi tomonaki na oyo tosalaki te, likolo na nioso, tosengeli ata koyoka te soko komona makambo mabe. Ata soki esalemi ete toyokaki to mpe tomonaki, tosengeli te komeka na kokanisa to kokanisa yango lisusu. Tosengeli te komeka kokanisa yango. Ya solo, tango mosusu tokoki ten a kokamba makanisi na biso moko. Likanisi moko ekoki kommata makasi koleka na lolenge tozali komeka kokanisa yango te. Kasi na lolenge tokokoba na koboya makanisi mabe na nzela na mabondeli, Molimo Mosantu Akosunga biso. Tosengeli te komeka kotala, koyoka, tokokanisa na makambo mabe, mpe lisusu, tosengeli koloongola ata makanisi maye makoleka na makanisi na biso mpona ngonga moko.

Tosengeli mpe te komikotisa kati na misala mabe, mpe lokola. 2 Yoane 1:10-11 elobi été, "Soko moto nani akoya epai na bino mpe akomema mateya oyo te,, boyangela ye kati na ndako te ; bopesa ye losako te. Mpo été ye oyo akopesa ye losako, asangani na ye na misala na ye mabe. » Ezali été Nzambe Apesi biso toli na koboya mabe mmpe na kondima yango te.

Bato ba sangola lolenge na masumu kowuta na babooti na bango. Na tango kobikaka na mookili oyo, bato bakotaka na lisanga na makambo mingi na solo te. Na kofandisama kati na lolenge oyo na masumu mpe solo te, moto akokolisa lolenge na ye moko to bo ngai. Bomoi na Mokristu ezali kolongola ba lolenge wana mmpe bosolo te, na ngonga oyo tondimeli Nkolo. Kolongola masumu mpe solo te, tozali na bosenga na kokanga motema makasi mpe na molende. Mpo été tozali kobika kati na mokili oyo, tomesani mingi na solo te mbe na solo. Ezali pete mingi kondima solo te mpe kotia yango kati na biso mbe ezali na kolongola yango. Ndakisa, ezali pete na kobebisa elamba na pembe na encre moindo, kasi ezali pasi mingi mpona kolongola salite mpe kokomisa yango lisusu pembe.

Lisusu, ata soki ikomonana llokola mabe moke mingi, ikoki na komata mpon kokoma mabe monene na ngonga moko. Kaka lolenge Bagalatia 5:9 elobi ete, "Mwa moke na nfulu ekofulisa mapa mobimba," mabe moke ekoki ekoki kopanzanna na bato ebele nokinoki. Bongo, tosengeli kokeba ata na mabe moke. Nzambe Apesi na biso motindo na koyina mabe, bino baye bolingaka NKOLO" (Nzembo 97:10), mpe etangisi biso ete "Kotosa Yawe ezali koyinana na mabe" (Masese 8:13).

Soki mpenza bolingaka moto mingi, bokolinga nini moto

yango alingaka mpe bokoyina nini moto yango ayinaka. Bosengeli te kozala na tina mpona yango. Na tango ban aba Nzambe, ba oyo bayambi Molimo Mosantu, bakosala masumu Molimo Mosantu kati na bango Akomilela. Bongo, kati na mitema na bango Akomilela. Bongo, kati na Mitema na Bango bakoyoka lokola pasi. Bongo bakoososola ete Nzambe Ayinaka makambo mana basalaki, mpe bakomeka lisusu kosala masumu te. Ezali motuya na komeka ata kolongola moke na mabe mpe kondima lisusu mabe te.

Kotondisa Liloba na Nzambe mpe Mabondeli

Mabe ezali mpenza makambo pamba. Masese 22:8 elobi ete, "Ye oyo akokona masumu akobuka biloko mpamba; lingenda na nkkanda na ye ekosilisama nye." Bokono mikoki kokitela biso mpe bana na biso, to tokoki kokutana na makama. Tokoki kobika kati na pasi likolo na bobola mpe kokoso na libota. Mana nioso, sima na nioso, ewutaka na mabe.

Bomikosa te, batiolaka Nzambe te; oyo moto akolona yango wana akobuka (Bagalatia 6:7).

Ya solo, bakokoso makoki komonana mbala moko ten a miso na biso. Na likambo oyo, na tango mabe emati kino esika moko boye, ekoki ata komema makama maye makosimba ata bana na bison a sima. Mpo ete baton a mokili basosolaka mobeko oyo te, basalaka makambo mabe mingi na ba lolenge ebele.

Ndakisa, bamonaka yango sembo kozongisela ba oyo basalaki bango mabe. Kasi Masese 20:22 elobi ete, "Lob ate ete, ngai nakobukanisa mabe; lambela Yawe. Ye Akobikisa."

Nzambe Akozanka bomoi, kufa, bozwi na bozangi bozwi na bato kolandana na bosembo na Ye. Na bongo, soki tokosala malamu kolandana na Liloba na Nzambe, tokobuka solo mbuma na bolamu. Ezali kaka lolenge elakama na Esode 20;6, yango elobi ete, "...Nde nakomonisa boboto na bato nkoto na nkoto na ba oyo bakolingaka ngai mpe bakotosaka Mibeko na ngai."

Mpona komibatela na mabe, tosengeli koyina mabe. Mpe na likolo na wana, tosengeli kozala na biloko mibale na oyo tokotondisama tango nioso. Mizali Liloba na Nzambe mpe mabondeli. Na tango tozali kotanga Liloba na Nzambe na moi mpe nab utu, tokoka kobengana makanisi mabe mpe kozala na makanisi na molimo mpe malamu.Tokoka kososola misala nini mizali misala na bolingo na solo.

Lisusu, na lolenge tokobondelaka, tokotangaka Liloba kutu na mozindo, mpo ete tokoka kososola mabe kati na maloba na biso mpe na misala. Na tango tobondeli makasi na lisungi na Molimo Mosantu, tokoka kokonza mpe kolongola mabe kati na mitema. Tika ete nokinoki tolongola mabe na Liloba na Nzambe mpe mabondeli mpo ete tokoka kkobika bomoi etondisama na esengo.

10. Bolingo Esepelaka na Bozangi Bosembo Te

Tango ekolo ezali na development likolo, libaku malamu ekozala na bato malamu bakende liboso. Na bokeseni, ba mboka mazangi development bazalaka na kaniaka ebele. Mpe eloko nioso ekoki kozuama mpe kosombama na misolo. Kaniaka ebengami bokono na bikolo, mpo ete ekangami na bokoli na ekolo. Kaniaka na bozangi bosembo mibebisaka mpe makasi bomoi na bato moko na moko. Baton a moyimi bakoka te kozwa kosepela na solo mpo ete bakanisaka kaka mpona bango moko mpe bakoki te kolinga basusu.

Kosepelaka te na bozango bosembo mpe kakangela bato motema te esali lokola kokokana. Kokangela moto motema te mpona oyo asalaki ezali kozala na eloko moko ten a mabe kati na motema. 'Kozanga kosepela na bozangi bosembo' ezali kosepela ten a soni to bizaleli na koyokisa soni, misala mpe bizaleli, mpe ezali komikotisa na yango te.

Toloba ete bozali na zua na moninga oyo azali na bozwi. Bolingaka mpe ye te mpo ete emonanaka lokola amilakisaka na bozwi na ye. Bokkanisaka mpe eloko lokola 'Azali na misolo mpenza mingi, mpe boni mpona ngai? Nakolikya ete akokweya.' Yango ezali kokanisa makambo mabe. Kasi mokolo moko, moto moko akosaki ye, mpe companie na ye ekweyaki na mokolo moko. Awa, soki bokosepela na yango na kokanisaka ete, 'Azalaki komilakisa na misolo na ye, malamu mpona ye!' nde yango ekozala kosepela to mpe komona mabe malamu. Lisusu, soki bokomikotisa na misala na lolenge oyo, ezali mpenza kosepela na bozangi bosembo.

Ezali na bozangi sembo mpona bato nioso, oyo ata bapagano bayebi ete ezangi sembo. Ndakisa, ezali bato misusu bazwaka misolo na bango na kokosaka bato to mpe na makasi. Moto akoki kobuka mibeko na mboka mpe kondima eloko moko na kanyaka mpona lifuti na ye moko. Soki zuzi akokata na lolenge mabe sima na kozwa kanyaka, moto malamu azwi etumbu, yango ekozala malamu ten a miso na moto nioso. Ezali kosalela mabe mpifo na ye na zuzi.

Tango moto azali kotekisa eloko, akoki kokosa na ebele to qualite na yango. Akoki kosalela biloko na talo te to mpe malonga te mpona kozwa lifuti mabe. Bakaniselaka basusu te kasi kaka lifuti na bango na tango moke. Bayebi nini ezali malamu, kasi bakozela mpona kokosa basusu tempo été basepelaka na misolo na ba nzela mabe. Bazali bato mingi ba oyo mpona lifuti mabe. Kasi boni mpona biso ? Tokoki koloba été tozali sembo ?

Toloba ete likambo na lolenge oyo esalemaki. Bozali ba fonctionaire, mpe boye na koyeba ete moninga na bino kati na mosala azali kozwa misolo ebele na nzela mabe kati na bombongo moko boye. Soki bakangi ye, akozwa etumbu ebele mingi, mpe moninga oyo azali kopesa bino misolo mingi mpo ete boloba eloko moko te mpe bolandela yango te. Alobi ete akopesa bino misolo eleki ebele na sima mikolo. Na tango moko libota na bino ezali na bosenga makasi mpe bozali na bosenga na misolo ebele. Sik'awa, nini bokosala ?

Tika totala likambo mosusu. Mokolo moko, botali kati na compte na bank na bino, mpe bokuti misolo eleki oyo bozalaki na yango. Boye na kososola ete misolo misengelaki kokatama na ba tax mikatamaki te. Na likambo oyo, nini bokosala? Bokosepela kaka na kolobaka ete ezali likambo na bango yay o te?

2 Ntango 19:7 elobi ete, "Bongo tika ete botosi na kotosa Yawe ezala na bino;keba na yango ekosalaka bino,pamba te kobebisa lisambisi ekoki epai na Yawe Nzambe na bino te, to koponapona bato te, to kokamata kanyaka te." Nzambe Azali sembo; Azali na bozangi bosembo sokote. Tokoki kozimama na miso na bato, kasi tokoki kokosa Nzambe te. Na bongo, ata kakka na bobangi Nzambe, tosengeli kotambola na nzela na sembo kati na solo.

Totala likambo na Abalayama. Na tango muana nkasi na Ye Lota akangemaki na etumba, Abalayama akendaki lisusu kosikola kaka muana nkasi na ye te kasi mpe lisusu bato oyo bakangemaki mpe biloko na bango. Mokonzi na Sodom alingaki kotalisa matondi na ye na kopesa epai na Abalayama ndambo na biloko azongiselaki mokonzi, kasi Abalayama aboyaki.

"Abalayama azongisaki ete, Nasili kosimba ndai epai na Yawe, Nzambe oyo Aleki Likolo, Mozalisi na likolo mpe na mokili, ete, nakokamata eloko ten a yango ezali nay o,, ata ndambo na busi te, soko nsinga na sapato te, na ntina ete yo okolobba te ete, 'ngai nayeisi Abalayama mozui.'" (Genese 14; 22-23).

Na tango mwasi na ye Sala akufaki, mokolo mabele apesaki epai na ye mabele na kokunda, kasi ye andimaki yango te. Afutaki kaka talo ekoki. Ezalaki bongo mpo ete kowelawela ezala ten a ba mbula ekoya. Asalaki oyo esengelaki mpo ete azalaki moto na sembo. Alingaki te kozwa eloko afutelaki te to mpe lifuti mabe. Soki azalaki koluka misolo alingaki kaka kolanda nini esengelaki mpona lifuti na ye.

Ba oyo balingaka Nzambe mpe balingami na Nzambe bakotikala kosala basusu mabe te to mpe koluka lifuti na bango moko ten a kobukaka mibeko na mboka. Balikyaka eloko elleki oyo basengeli kozala na yango na nzela na mosala na bango na sembo. Ba oyo basepelaka na bozangi sembo bazali na bolingo mpona Nzambe te to mpona bazalani na bango.

Bozangi sembo na miso na Nzambe

Bozangi sembo na miso na Nzambe ikesene moke na oyo na makambo nioso. Ezali kaka kobuka mobbeko mpe komema kokoso te epai na basusu, kasi mosala na lisumu nioso etelemeli Liloba na Nzambe. Tango mabe kati na motema ebimisami na lolenge moko boye, ezali lisumu, mpe yango ezali bozangi sembo. Kati na ba masumu ebele, bozangi sembo mingi mingi etalisaka misala na mosuni.

Lokola, koyina, likunia, zua, mpe mabe misusu kati na motema missosolamaka na misala lokola koswana, kobunda, kobundisa, koshina, to koboma. Biblia elobeli biso ete soki tokosala na kozanga sembo, ezali pasi ata kobikisama.

1 Bakolinti 6:9-10 elobi ete, "Boyebi te ete baton a masumu bakosangola libula na bokonzi na Nzambe te? Bamikosa te, moto na pite mpe basambeli na bikeko mpe bato na ekobo mpe bakembi na nsoni mpe mibali bamibebisi na mibali mpe bayibi mpe bato na bilulela mpe balangwi masanga mpe batuki mpe babotoli bakosangola bokonzi na Nzambe te."

Akana azali moko na bato ba oyo balingaka bozangi sembo oyo ememaki ye na libebi. Azalaki mikitani na mibale na Esode mpe wuta bomwana na ye ayoka mpe amona likolo na makambo Nzambe Asalela baton a Ye. Amona lipata na nkembo na moi mpe lipata na moto nab utu yango itambwisaki bango. Amonaki mai monene na Yordani kotika kotiola mpe engomba ekokaki kokamatama te ekweya na ngonga moko. Ayebaka mpe malamu likolo na mitido na mokambi Yosua ete moto moko te akokaki kokamata eloko maye mazalaki na mboka na Yeliko, mpo ete masengelaki kopesama mbeka epai na Nzambe.

Kasi na tango amonaki biloko oyo ezalaki kati na mboka na Yeliko, abungisaki bomoto na ye likolo na moyimi. Sima na kobika bomoi na bokawuki mpona tango molayi kati na lisobe, biloko kati na mboka mimonanaki mpenza kitoko mpona ye. Na tango amonaki elamba kitoko mpe ba wolo mpe palata, abosanaki Liloba na Nzambe mpe mibeko na Yosua mpe abombaki yango mpona ye moko. Likolo na lisumu oyo Akana na kobukkaka mobeko na Nzambe, Yisalele azwaki pasi mingi na etumba elandaki. Ezalaki na nzela na kobungisa ete bozangi boyengebene na Akana etalisamaki, ye mpe libota na ye babetamaki mabanga kino kufa. Mabanga masalaki ngomba mpe bisika yango ibengami Lubwaku na Akola,

Lisusu, totala kati na Mituya capitre 22-24. Balam azalaki moto oyo akokaki kosolola na Nzambe. Mokolo moko, Balaka, mokonzi na Moaba asengaki ye alakela mabe bato na Yisalele. Bongo, Nzambe Alobelaki Balama ete, "Okokende na bango te, okolakela bato yango mabe te mpo ete bapambolama" (Mituya 22:12).

Sima na koyoka Liloba na Nzambe Balama aboyaki koyanola bosenga na mokonzi na Moaba. Kasi tango mokonzi atindelaki ye wolo na palata mpe bozwi ebele, nde alakisaki na mokonzi ete atia motambo liboso na bato na Yisalele. Nini ezalaki lifuta? Bana na Yisalele baliaki bilei mibonzamaki na bikeko mpe basalaki ekobo na bongo komema pasi monene likolo na bango, nde sukasuka Balama abomamaki na mopanga. Ezalaki lifuti na kozwa biloko bizangi sembo.

Bozangi bosembo ekangami mbala moko na bozangi na lobiko na miso na Nzambe. Soki tokomona bandeko basi to mabali tosala na bozangi sembo kaka na lolenge na bapagano na mokili, nini tosengeli kosala? Ya solo tosengeli kolela mpona bango, tobondela mpona bango, mpe kosunga bango babika kolandana na Liloba. Kasi bandimi misusu bakoyokela bato yango likunia na kokanisaka ete, ;Nalingaka mpe kobika bokristu na bolembu mpe malamu na lolenge na bango.' Lisusu, soki bokosangana na bango, tokoka koloba te ete bolingaka Nzambe.

Yesu oyo asalaki eloko te, Akufaka mpona komema bisi ba oyo tozanga boyengebene epai na Nzambe. (1 Petelo 3:18). Na lolenge tokososola bolingo monene oyo na Nkolo, tosengeli soko te kosepela kati na bozangi bosembo, kasi bazali kobika na solo kati na Liloba na Nzambe. Bongo, bakokoka kokoma baninga na Nkolo mpe kobika kati na bofuluki (Yoane 15:14).

11. Bolingo Ekosepelaka na Solo

Yoane, moko na bayekoli zomi na mibale na Yesu, Abikisamaki kin a kobomama mpe abikaki kino tango akufaki na bobange na ye na kopanzaka Sango Malamu na Yesu Christu mpe mokano na Nzambe epai na bato ebele. Moko na makambo asepelaka na yango na ba mbula na ye na suka ezalaki koyoka ete bbandimi bazalaki komeka kobika kati na Liloba na Nzambe mpe na solo. Alobaki ete, "Pamba te nasepelaki mingi wana bandeko bayaki kotatola mpona solo nay o ete ozali kotambola kati na makambo na solo. Nazali na esengo eleki oyo te ete nayoka ete bana na ngai bazali kotambola kati na makambo na solo" (3 Yoane 1:3-4).

Tokoki komona esengo na lolenge nini azalaki na yango na liloba, 'Nazalaki na esengo'. Amesanaki kozala motomoto ata na kobengama muana na nkake na tango azalaka elenge, kasi sima na kombongwama, abengamaki ntoma na bolingo.

Soki tokolinga Nzambe, tokosalela bozangi sembo te, mpe lisusu, tokosalela solo. Tokosepelaka mpe na solo. Solo elakisi Yesu Christu, na Sango Malamu, mpe na Ba buku 66 nioso kati na Biblia. Ba oyo balingaka Nzambe mpe balingami epai na Ye bakosepela solo elongo na Yesu Christu mpe na Sango Malamu. Bakosepelaka tango Bokonzi na Likolo eyeisami monene. Sik'awa nini elakisi na kosepela na solo?

Yambo ezali kosepela na Sango Malamu

Sango Malamu ezali sango ete biso tobikisami na nzela na Yesu Christu mpe tokei na bokonzi na Lola. Bato mingi bakolukaka solo na kotonaka motuna eye, Nini ezali tina na bomoi ? Nini ezali motuya na bomoi ?' Kozwa biyano na mituna eye, bakotangaka makanisi mpe phylosophie, to bakomekaka kozwa biyano o nzela na boyambi kilikili. Kasi solo ezali Yesu Christu, mpe moto moko te akoki kokende Lola soko na Yesu Christu te. Yango tina Yesu Alobaki été, « Nazali nzela solo mpe bomoi ; moko te ayaka epai na Tata soko na Ngai te » (Yoane 14 :6). Tozwaka lobiko mpe bomoi na seko na koyamba Yesu Christu. Tolimbisami na masumu na bison a nzela na makila ma Nkolo mpe tolongolami na Lifelo kino Lola. Tosososli sik'awa motuya na bomoi mpe tobiki bomoi na talo. Na bongo, ezali malamu été tosepela na Sango Malamu. Ba oyo bakosepelaka na Sango Malamu bakopesaka noki noki epai na basusu mpe lokola. Bakokokisa mosala na bango epesamela bango na Nzambe mpe bakosala na molende mpona kopanza Sango Malamu. Lisusu, bakosepelaka tango milimo miyoki sango malamu mpe mizwi lobiko na kondimelaka Nkolo. Bakosepelaka na tango Bokonzi na Nzambe iyeisami monene. '[Nzambe] Alingi bato nioso babikisama mpe bakoma na boyebi na solo" (1 Timote 2:4).

Ezali na bandimi misusu, oyo, bazali na zua na basusu tango bazali koteya Sango Malamu bato ebele mpe bazali kobimisa bambuma minene. Ba egelesia misusu mizali na likunia na misusu mpo ete bazali kokola mpe bapesi nkembo epai na Nzambe. Yango ezali kosepela na solo te. Soki tozali na bolingo na molimo kati na mitema na biso, tokosepela na tango tomoni bokonzi na Nzambe eyeisami monene mingi. Tokosepela elongo na tango tomoni ba egelesia mazali kokola mpe milingami na Nzambe. Yango ezali kosepela na solo, yango ezali kosepela na Sango Malamu.

Ya Mibale, kosepela na solo elakisi ete kosepelaka na makambo nioso mazali kati na solo.

Ezali kosepela na komonaka, koyoka, mpe kosala makambo mafandisami kati na solo, lokola, bolamu, bolingo, mpe bosembo. Ba oyo basepelaka na solo basimbamaka mpe batangisaka mpinzoli na koyokaka likolo na misala moke na malamu. Batatolaka ete Liloba na Nzambe ezali solo mpe ezali elengi koleka mafuta nzoi kowuta na ndako na banzoi. Bongo, bakosepelaka na koyokaka mateya mpe kotangaka Biblia. Lisusu, bakosepelaka kosalelaka Liloba na Nzambe. Na esengo batosakaa Liloba na Nzambe iye ilobelaka bio kosalela, kososola, mpe kolimbisa at aba oyo bazali kopesa bango pasi.

Dawidi alingaki Nzambe mpe alingaka kotongela Nzambe Tempelo. Kasi Nzambe Atikaka ye asala yango te. Tina ekomama kati na 1 Ntango 28:3 ete, "Okotonga ndako mpona nkombo na ngai te, pamba te yo ozali moto na etumba mpe osopi makila." Esengelaki na Dawidi asopa makaila pamba te abundaki bitumba ebele, kasi na miso naNzambe asengelaki te mpona mosala wana. Dawidi ye moko akokaki kotonga Tempelo te kasi abongisaki biloko nioso na kotonga mpo ete muana na ye Salomon akoka kotonga yangp. Dawidi abongisaki biloko na makasi na ye nioso, mpe kaka na kosalaka bongo etondisaki ye na esengo mingi. "Wana bato basepelaki mpo ete bapesaki na motema malamu, pamba te babimisaki makabo na motema mobimba epai na Yawe. Mokonzi Dawidi mpe asepelaki na esengo monene" (1 Ntango 29:9).

Lolenge moko, ba oyo basepelaka kati na solo bakosepela na tango basusu bazali na lipamboli. Bazalaka na likunia te. Ekoki ata kosalema te ete bakanisana na lolenge ete, 'eloko moko esimba ten a moto yango,' to kokutana na esengo mpo ete basusu bakutani na likama. Tango bakomona likambo na bosembo te kosalema, bakomilela likolo na yango. Lisusu, ba oyo bazali kosepela kati na bolingo bakoki kolinga na bolamu, na motema embogwanaka te, mpe kati na bosolo mpe kondimama. Bakosepelaka na maloba malamu mpe misala malamu. Nzambe mpe akosepelaka likolo na bango na konganga na esengo lolenge etalisama na Jekalia 3:17, "Yawe Nzambe nay o Azali kati nay o Ye elombe na makasi, Akobikisa! Akosepela nay o na esengo, na bolingo na ye aAkofanda na kimya.. Akosepela nay o na Nzembo," Ata soki bokoka kosepela na solo tango nioso te, bosengeli kobungisa motema te to kolemba. Soki bokomeka oyo bosengeli kosala, Nzambe na bolingo Akomona yango lokola komeka na 'kosepela kati na solo'.

Misato, kosepela na solo ezali kondima Liloba na Nzambe mpe komeka kosalela yango.

Ezali pasi kokutana na moto oyo akoki kosepela kaka na solo kobanda ebandeli. Na lolenge tokozala na molili mpe solo te kati na biso, tokoki kokanisa mabe mpe kosepela na makambo mazangi sembo mpe lokola. Kasi tango tokombongwanaka moke moke mpe tolongoli mabe na lolenge nioso kati na motema, tokoka bongo kosepela na mpenza na solo. Kino wana, tosengeli komeka makasi. Ndakisa, ezali bato nioso ten de bayokaka esengo na kokota mayangani. Mpona bandimi ya sika to ba oyo na kondima elemba, bakoki koyoka bolembu, to mitema na bango mikoki kozala bisika misusu.

Bakoki komituna likolo na makambo matali masano na baseball to mpe bakoki kozwa nkanda mpona makutani na bombongo bakozala na yango lobi.

Kasi misala na koyaka kati na egelesia mpe kokota na mayangani ezali makasi na komeka kotosa Nzambe. Ezali kosepela na solo. Mpona nini tozali komeka na lolenge oyo? Ezali kozwa lobiko mpe kokende na Lola. Mpo ete toyoka Liloba na solo mpe tondimela Nzambe, tondima mpe ete ezali na esambiseli, mpe ete ezali na Lola mpe Lifelo. Mpo ete toyebi ete ezali na mabonza makeseni na Lola, tokomeka nokinoki na komibulisa mpe kosala na bosembo mingi na ndako nioso na Nzambe. Ata soki tokoki kosepela mpenza ten a solo na %100, soki tokomeka oyo esengeli bison a etape kati na kondima na biso, ezali kosepela kati na solo.

Nzala mpe mposa na Komela mpona Solo

Esengeli kozala na momesano mpona biso kosepela kati na solo. Kaka solo ikopesaka biso bomoi na seko mpe ikoki kombongola biso mpenza. Soki tokoyoka solo, mingi mingi Sango Malamu, mpe tokosalela yango, tokozwa bomoi na seko, mpe tokokoma bana solo na Nzambe. Mpo été totondisami na elikya mpona bokonzi na Likolo mpe bolingo na molimo, bilongi na biso mikongala na esengo. Lisusu, na lolenge tokombongolama na solo, tokozala na esengo mpo été tolingami mpe topambolami na Nzambe, mpe lisusu tolingani na bato mingi.

Tosengeli kosepela na esengo na tango nioso, mpe lisusu, tosengeli kozala na nzala mpe mposa na komela mpona solo. Soki bozali na nzala mpe mposa na komela, bokolinga mpenza bilei mpe bimeli. Na tango tozali kolikya solo, tosengeli mpenza kolikya yango mpo ete tokoka na kombongwana na baton a solo. Tosengeli kobika bomoi na tango nioso koliaka mpe komelaka solo. Nini ezali bongo kolia mpe komela solo? Ezali kobatela Liloba na Nzambe solo kati na motema na biso mpe kosalela yango.

Soki totelemi liboso na moto oyo tolingaka mingi, ezali pasi na kobomba esengo kati na elongi na biso. Ezali lolenge moko na tango tolingaka Nzambe. Sasaipi, tozali na makoki na kotelema liboso na elongi na Nzambe te, kasi soki solo tolingaka Nzambe, ikolakisama na libanda. Yango ezali, soki tokomona kaka to koyoka likambo na solo, tokozala na sai mpe esengo. Bilongi na bison a esengo mikobunga soko te na ba oyo bazingi biso. Tokotangisa mpinzoli na miso na kopesaka matondi kaka na kokanisaka likolo na Nzambe mpe Nkolo, mpe mitema na biso ikosimbama ata na misala moke na bolamu.

Mpizoli iye izalaka na bolamu, lokola mpinzoli na matondi mpe mpizoli na kolela mpona milimo mikokoma mabanga na talo kitoko na sima kobongisa ndako na moto na moyo kuna na Lola. Tika biso tosepela kati na solo mpo ete bomoi na biso etondisama na bilembo ete tolingami na Nzambe.

12. Bolingo Ikomemaka Nioso

Lolenge tondimeli Yesu Christu lokola Nkolo mpe tokomeka kobika na Liloba na Nzambe, ezali na makambo mingi tosengeli komema. Tosengeli kokanga motema na makambo wapi totumbolami. Tosengeli mpe kosalela komikanga na makambo mimemaka bison a kolandaka baposa na biso. Yango tina na kolimbola elembo na liboso na bolingo ezali kokanga motema.

Kokanga motema ezali kobunda kati na biso moko na makambo tokutani na yango tango tozali komeka kolongola solo te kati na motema. Kondima makambo nioso ezali na limbola monene. Sima na biso kokolisa solo kati na motema na nzela na kokanga motema, tosengeli komema ba pasi nioso oyo ekoki koya na nzela na biso mpona bato misusu. Na Mozindo, ezali kokanga motema na makambo nioso makokani na bolingo na molimo te.

Yesu Ayaka na mokili oyo mpona kobikisa basumuki, nde lolenge kani bato basalelaki ye? Asalaka kaka makambo malamu, kasi bato basekaki, babwakisaki mpe batalaki Ye pamba. Sukasuka babakaki Ye na ekulusu. Ata bongo Yesu Amemaki nioso mpona bato nioso mpe Abondelaki tango nioso na tina na bango. Abondelaki mpona bango nakolobaka ete, "Tata, limbisa bango; mpo bayebi te nini bakosalaka" (Luka 22:34).

Nini ezalaki lifuti na Yesu komema nioso mpe kolinga bato nioso? Naninani akondimela Yesu Christu lokola mobikisi na ye moko akoki sik'awa kokoma muana na Nzambe. Tosikolamaki na kufa mpe bamemaki bison a bomoi na seko.

Lisese na Ba Coreen elobaka ete, "Buka epasoli koni mpona

kosalela yango tonga." Elakisi ete na kokanga motema mpe molende tokoki kokokisa misala nioso na pasi. Tango boni mpe makasi nini ikosengama mpona kobongola epasola mpona kokomisa yango tonga songe? Solo ikomonana lokola mosala ekoki kosalema te mpe moto akoki komituna ete, "Pona nini kaka kotekisa epasola mpona kosomba tonga te?"

Kasi mokanio na Nzambe emema mokumba oyo, mpo ete Azali mokonzi na milimo na biso. Nzambe Azalaka mbangu na nkanda te mpe azelaka biso tango nioso na kotalisaka biso bolamu mpe mawa kaka mpo ete Alingaka biso. Abongisaka mpe Asukolaka bato ata soki mitema na bango mizali lokola mabende makasi. Azelaka mpona moto nioso akoma muana na Ye na solo, ata soki azali na libaku malamu moko ten a kokoma moko.

Akobuka lititi litutami te, Akozimisa lotambe loziki mokemoke te.,kino ekosila Ye kosambisa sembo (Matai 12:20).

Ata lelo Nzambe amemaka ba pasi nioso iyaka na komonaka misala na bato mpe akozelaka bison a esengo. Akanga motema mpona bato, na kozelaka bango bambongwana na bolamu ata siki bazala kosala mabe ba nkoto ebele. Ata soki babalolela Nzambe mokongo mpona banzambe na bikeko, Nzambe Atalisa bango ete Azali Nzambe na solo mpe Azela bango kati na kondima. Soki Nzambe Alobi ete, "Botondisama na bozangi sembo mpe libaku malamu ezali te. Nakoka te kozala na bino lisusu," nde, boni na bato bakobikisama ?

Kaka lolenge etalisama na Yelemia 31:3 ete, " "Nalingi yon a bolingo na seko, bongo Naumelisi boboto na ngai epai na yo," Nzambe Atambuisaka biso na bolingo oyo na seko ezanga suka.

Na kosalaka mosala na ngai lokola motambwisi na egelesia monene, nayaka kososola kokanga motema oyo na Nzambe na lolenge moko. Ezala na bato ba oyo basala masumu ebele to baton a bosuki, kasi koyokaka motema na Nzambe natala bango tango nioso na miso na kondima ete mokolo moko bakombongwana mpe bakopesa nkembo epai na Nzambe. Na lolenge nakanga motema na bango mpe lisusu kati na kondima epai na bango, ba mingi na bandimi na egelesia bakola mpona kokoma bakambi malamu.

Tango nioso na kala te, Nazalaki kobosana tango na kokanga motema mpona bango, kasi namona yango lokola kaka ngonga moke. Na 2 Petelo 3:8 ikomama ete, "Balingami likambo oyo moko likima bino te, ete epai na Nkolo, mokolo moko ezali lokola bilanga nkoto mpe bilanga nkoto lokola mokolo moko,"

Mpe nakokaki kososola makomi oyo elakisaka nini. Nzambe Amemaka makambo nioso mpona tango molayi mingi mpe ata bongo Amonaka ba tango wana lokola ngonga moke mpenza. Tika ete tososola bolingo na Nzambe mpe na yango tika biso tolinga bato nioso pembeni na biso.

13. Bolingo Endimaka Makambo Nioso

Soki solo bolingaka moto, bokondima makambo nioso na moto yango. Ata soki moto yango azali na bosuki, bokomeka kondimela moto yango. Mobali mpe mwasi bakangama na bolingo. Soki babalami bazali na bolingo te, ilakisi ete bamitielaka confiance te, nde bakobanda koswanela makambo nioso mpe bazali na tembe likolo na makambo nioso etali molongani. Na makambo makasi bazali kobunga mpona koboya kondima ete mosusu azali kokosa te mpe bakomipesa pasi na nzoto mpe na bongo. Soki balinganaki mpenza balingaki komitiela mpenza motema, mpe bakondima ete molongani na bango azali moto malamu mpe bakosala na bolamu. Bongo na lolenge bandimeli, molongani na bango akokoma na kokoka na miso na bango to bakolonga na oyo bazali kosala.

Elikya na kondima makoki kozala epimelo na makasi na bolingo. Bongo, kondimela mpenza Nzambe ezali kolinga Ye mpenza. Abalayama, tata na bandimela, abengamaki moninga na Nzambe. Na kobanzabanza te Abalayama atosaki motindo na Nzambe na kolobela ye ete abonza lokola mbeka muana na ye Yisaka. Akokaki kosala bongo mpo ete andimelaki mpenza Nzambe. Nzambe Amonaki kondima na Abalayama mpe Andimaki bolingo na ye.

Bolingo ezali kondimela. Ba oyo balingaka mpenza Nzambe bakondimela Ye mpenza. Bandimelaka Liloba nioso na Nzambe na 100%. Nde mpo ete bandimaka nioso, babotaka nioso. Kobota nioso oyo etelemeli bolingo, tosemngeli kondima. Mingi mingi, na tango tondimi Liloba nioso na Nzambe nde tokoka lolikya nioso mpe kokata ngenga na motema na biso kolongola nioso etelemeli bolingo.

Ya solo, na lolenge na makasi, ezali te ete tondimela Nzambe mpo ete tolingaki Ye wuta ebandeli. Nzambe nde Alingaka biso, mpe na kondimela yango, toya na kolinga Nzambe. Lolenge nini Nzambe Alingaka biso ? Apesa na kotika te Muana na Ye se moko na likinda mpona biso, ba oyo tozalaki basumuki, mpona kofungola nzela na lobiko.

Na ebandeli, toyaka na kolinga Nzambe na kondimela likambo yango, kasi soki tokolisi bolingo na molimo na mobimba, tokokoma na esika oyo tondimela mpenza mpo ete tolingi. Kokolisa bolingo na molimo na mobimba elakisi ete tolongoli lokuta na lolenge nioso kati na motema. Soki tozali na lokuta moko te kati na motema, ekopesamela biso kondima na molimo neuti na likolo, na wapi tokoki kondima nan se na motema na biso. Bongo, tokoki te kobeta tembe na Liloba na Nzambe, mpe elikya na biso epai na Nzambe ikoki ten a koningisama. Lisusu, soki tokolisi bolingo na molimo na mobimba, tokondimela moto nioso. Ezali te mpo été bato bazali na kotiela motema, kasi ata batondisami na masumu mpe bazali na bosuki, tokotala bango na miso na kondima.

Tosengeli kondimela baton a lolenge nioso. Tosengeli komindimela mpe lokola. Ata soki tozali na bosuki ebele, tosengeli kondimela Nzambe oyo Akombongola biso, mpe tosengeli komitala na miso na kondima ete tokombongwana na kala te. Molimo Mosantu Alobelaka biso tango nioso kati na motema ete, "Okoki kosala yango. Nakosunga yo" Soki bondimi bolingo oyo mpe botatoli, "Nakoki kosala malamu, nakoki kombongwana,' nde Nzambe Akokokisa yango kolandana na litatoli na bino na kondima. Boni kitoko ezali na kondima!

Nzambe mpe Andimelaka biso. Andimela ete moko na moko na biso akoya na koyeba bolingo na Nzambe mpe akoya na nzela na lobiko. Mpo ete Atalaka biso nioso na miso na kondima Akaba mbeka nakotika te Muana na Ye se moko na likinda, Yesu, na ekulusu. Nzambe Andima ete at aba oyo bayebi te mpe bandimela Nkolo te bakoki kobikisama mpe baya na ngambo na nzambe. Andima ete ba oyo nioso basi bandimela Nkolo bakombongwana na bana na Nzambe na boboto ba oyo bakokani na Nzambe mingi. Tika ete tondimela moto na lolenge nioso na bolingo na lolenge oyo.

14. Bolingo Ekolikyaka Nioso

Maloba oyo malobama na lolenge makomama na moko na mabanga na nkunda na Westminster Abbey na UK, "Na bolenge na ngai nalingaka kombongola mokili kasi nakoka te.. Na kati kati na mibu na ngai nameka kombongola libota na ngai kasi nakoka te. Kakak pembeni na kufa na ngai nayaki kososola ete nakokaki kombongola makambo mana kaka soki nambongwanaka."

Na momesano, bato bamekaka kombongola moto mosusu soki balingaka eloko epai na moto yango te. Kasi ekoki mpenza te mpona kombongola bato misusu. Babalani misusu babendanaka mpona makambo pamba boye lokola efineli na kobimisa kisi n amino na likolo to mpe nan se. Tosengeli naino komibongola liboso na koluka kobongola baninga. Nde bongo na bolingo mpona bango, tokoka kozela basusu ba mbongwana, na kolikyaka mpenza..

Kolikya nioso ezali kokanga motema mpe kozela ete makambo nioso oyo bondimaki ete esalema. Mingi, soki tolingaka Nzambe, tokolikya Liloba nioso na Nzambe mpe tokolikya ete makambo nioso makosalema kolandana na Liloba na Ye. Bozali kolikya mpona mikolo wapi bokokabola bolingo elongo na Nzambe Tata mpona libela kati na bokonzi kitoko na Lola. Yango tina bondima nioso mpona kokima kati na kondima. Kasi, boni soki elikya ezali te?

Ba oyo bakondimelaka Nzambe te bakoki kozala na elikya na bokonzi na likolo te. Yango tina bango babikaka kaka kolandana na ba posa na bango, mpo ete bazali na elikya na lobi te. Bamekaka kozwa biloko ebele mpe kobunda mpona kokokisa moyimi na bango. Kasi ata boni bazali na yango mpe basepeli, bakoki te kozwa kosepela na solo. Bakobikaka bomoi na bango na bobangi na lobi.

Na loboko mosusu, ba oyo bandimelaka Nzambe balikyaka nioso, nde bakozwaka nzela mokuse. Pona nini tolobaka ete ezali nzela mokuse? Ilakisi ete ezali moke na miso na ba oyo bandimela Nzambe te. Na lolenge tondimela Yesu Christu mpe tokomi bana na Nzambe, tokofanda mokolo mobimba kati na egelesia na eyenga na kati na mayangani, nakozwaka lolenge moko te na mokili mpona kosepelisa nzoto. Tosalaka mpona bokonzi na Nzambe na misala na komikaba mpe mabondeli mpona kobika kolandana na Liloba na Nzambe. Makambo na lolenge oyo mazali pasi na kosala soko kondima te, yango tina tolobi été ezali nzela moke.

1 bakolinti 15:19 ntoma Polo alobi ete, "Soko tozali kolikya na Klisto bobele na bomoi oyo, tozali koleka bato nioso na mawa." Kaka na miso na mosuni, bomoi na kokanga motema mpe na mosala makasi imonanaka nkaka. Kasi soki tokolikiaka makambo nioso, nzela oyo ezali nzela nioso. Soki ntozali na ba oyo tolingaka mingi, tokozala na esengo ata na ndako na pamba. Mpe na kokanisaka ete tokobika mpona seko elongo na molimgami Nkolo na Lola, boni esengo tokozala na yango! Tosepeli mpe toningani kaka na kobanza yango. Na lolenge oyo, na bolingo na solo tokozela na mbongwana te kino tango makambo nioso tolikyaki makokisama.

Kotalaka makambo nioso liboso na kondima izali na nguya mingi. Ndakisa, toloba ete moko na bana na bino abungi nzela mpe azali lisusu kotanga te. Ata muana oyo, soki bokondimela ye na koloba été akoki kosala yango, mpe kotala ye na miso na elikya été akombongwana, akoki kombongwana na muana malamu na ngonga nioso. Bondimi na baboti epai na muana ikomatisa komitiela elikya mpe makasi kati na muana. Bana oyo bamitielaka motema bazalaka na kondima été bakoki kosala makambo nioso ; bakokoka kolonga mikakatano, mpe bizaleli na lolenge oyo ikosimba ata kozwa na botangi na kelasi na bango.

Ezali lolenge moko na tango tozali kokamba milimo kati na egelesia. Na likambo nini, tosengeli na biso kokata likoko na moto. Tosengeli na kolemba te kokanisaka ete, "Emonani pasi mpona moto wana kombongwana,' to 'Azali kaka lolenge moko.' Tosengeli kotala moto nioso na miso na elikya ete kala te bakombongwana mpe bakokitisama na Liloba na Nzambe. Tosengeli kokoba na kobondelaka mpona bango mpe kopesa bango makasi na kolobaka mpe kondimaka ete, 'okoki kosala yango!"

15. Bolingo Endimaka Nioso

1 Bakolinti 13:7 elobi ete, "[Bolingo] ekomemaka makambo nioso, ekondimaka nioso, ekolikyaka nioso, ekoyikaka nioso mpiko." Soki bolingaka bokoki komema nioso. Nde, nini elakisi 'koyikaka makambo nioso mpiko.'? Na tango tokondima nioso maye makokani na bolingo te, ekozala na oyo ekoya sima na yango. Na tango mopepe ezali likolo na libeke to mai monana, ekozala na ba mbonge. Ata sima na mopepe kokita, ekotikala na mu aba mbonge kosala. Ata soki komemi makambo nioso, ekosuka wana te na tango tondima yango. Ekozala na makambo na sima to mpe ba effets na yango.

Ndakisa, Yesu Alobaki kati na Matai 5:39, "Nde ngai nazali kolobela bino ete botelemela mabe te, kasi soko nani akobeta yon a litama na mobali pesa ye mpe oyo mosusu." Lolenge elobami, ata soki moto abeti bino mbata na litama na mobali, bokozongisela ye te, kasi kanga kaka motema. Bongo esuka wana? Ekozala na makambo makolanda sima na yango. Bokoyoka pasi. Litama ekosala pasi, kasi pasi kati na motema ezali monene eleki. Solo bato bazalaka na ba tina ekeseni na kozala na pasi na motema. Bato misusu bakoyokaka pasi na motema mpo ete bakanisi ete babetami na tin ate mpe bazali na nkanda likolo na yango. Kasi basusu bakoki kozala na pasi na motema pamba te bayoki mawa mpo ete bapesaki mosusu wana nkanda. Basusu bakoki koyoka mawa na kozalaka ndeko oyo ayebi na komikanga te, kasi atalisi yango na nzoto bisika na kolandela yango na limemia.

Sima na komema eloko moko ekoki mpe koya na ba circonstance na komonana libanda. Ndakisa, moto moko abeti yo mbata na litama na mobali. Nde bobalusi mosusu kolandana na

Liloba. Bongo, ekosala yo pasi na litama na mwasi mpe lokola. Bokangi yango kolandana na Liloba, kasi likambo ebebi mpe etalisami na mabe koleka. Yango ezalaki bongo na Daniele. Amitikaki ten a koyeba ete akobwakama kati na libulu na kosi. Mpo ete Alingaka Nzambe, atika te kobondela ata na esika bomoi na ye ezalaki na likama. Lisusu, azongisaki mabe te na ba oyo balingaki koboma ye. Nde bongo, makambo nioso mambongwanaki na bolamu na ye mpo ete amemaki nioso kolandana na Liloba na Nzambe? Soko te. Abwakamaki kati na libulu na nkosi!
Tokoki kokanisa ete mimekanio nioso mikolongwa soki tomemi makambo nioso makokani na bolingo te. Kasi nini ezali tina na mimekano kolanda? Ezali mokano na Nzambe mpona kokomisa bison a kokoka mpe kopesa biso mapamboli na nkamwa. Elanga ikobimisa biloko malamu mpe kitoko na kondimaka mbula, mopepe, moi kongala makasi. Mokano na Nzambe mpe izali lolenge oyo ete tobima lokola bana na Nzambe na solo na nzela na mimekano.

Mimekano Mizali Mapamboli

Moyini zabolo mpe Satana batungisaka bomoi na bana na Nzambe na tango bameki kobika kati na pole. Satana amekaka tango nioso komona esika esengeli mpona kofunda bato, nde soki balakisi mua Pamela moke, Satana akofunda bango solo. Ndakisa ezali na tango moto azali kosalela bino na mabe mpe bokokanga yango na libanda, kasi bozali na kanda na kati na bino. Moyini zabolo mpe Satana bayebi yango mpe bakofunda bino likolo na makambo mana. Nde, Nzambe Asengeli kondima momekano kolandana na kofundama. Kino tango tondimami ete tozali na mabe kati na motema te, ekozala na mimekano ebengami, 'momekano na kopetolama'. Ya solo, ata sima na kolongola masumu niioso mpe kokoma mpenza bulee, ekoki kozala na mimekano. Yango indimamaka mpona kopesa biso mapamboli minene koleka. Na nzela na yango, tokotikala kaka na etape na kozala na mabe te kasi tokokolisa bolingo eleki monene mpe bolamu ekoka na kozalaka na elembo moko te na mbeba.

Ezalaka te kaka mpona lipamboli naa biso moko, likambo moko esalemaka na tango tomeki kokokisa bokonzi na Nzambe. Mpona Nzambe kotalisa misala minene, eteni likolo na epimeli na bosembo isengeli kokutana. Na kotalisaka kondima monene mpe misala na bolingo, tosengeli kotalisa été tozali na sani na kozwa biyano, mpo été moyini zabolo akoka kotelemela yango te.

Nde ba tango misusu Nzambe Andimaka mimekano epai na biso. Soki tokoleka yango kaka na bolamu mpe bolingo, Nzambe Akotika biso topesa nkembo epai na Ye na koleka na elonga eleki monene mpe Akopesaka biso mabonza maleki. Mingi, soki bolongi minyoko na mimekano bokolekela mpona Nkolo, bokozwa solo mapamboli ebele. "Mapamboli epai na bino wana bakotuka bino mpe bakonyokola bino mpe bakolobela bino mabe nioso mpona Ngai. Bosepela mpe boyoka mpe esengo pamba te libonza na bino ezali monene na Likolo. Mpo Banyokolaki basakoli oyo bazalaki liboso na bino." (Matai 5:11-12)

Kokanga motema, Kondima, Kolikya, Komema nioso

Soki bokondima nioso mpe bokolikya nioso na bolingo, bokoka kolonga momekano na lolenge nioso. Bongo, lolenge kani tosengeli na kondima, kolikya, mpe komema nioso?

Yambo, tosemngeli kondimela bolingo naNzambe kino Suka, ata kati na mimekano.

1 Petelo 1:7 elobi ete, "...yango eleki motuya na wolo oyo ekomekama na moto ata ekobebaka, Kondima na bino ekomonana mpona masanjoli na lokumu mpe na lisimi wana ekomonana Yesu Kristo." Apetolaka biso mpo ete tozala na makoki na kokoka kosepela masanjoli na nkembo mpe lokumu na tango bomoi na biso esili na mokili oyo.

Lisusu, soki tobiki kolandana na Liloba na Nzambe na mobimba na komisangisa na mokili te, tokoki kozala na libaku malamu na tango tokutani na minyoko misengela te. Tango nioso, tosengeli kondima ete tozali kozwa bolingo na motuya na Nzambe. Bongo, bisika na kolemba, tokopesa matondi mpo ete Nzambe Azali kokamba bison a bisika na koingela na motuya koleka na Lola. Lisusu, tosengeli kondimela bolingo na Nzambe, mpe tosengeli kondima kino suka. Ekoki kozala na pasi kati na mimekano na kondima.

Soki pasi ezali makasi mpe ikobi mpona tango molayi, tokoki kokanisa ete, "Pona nini Nzambe Azali kosunga ngai te? Bongo Alingi lisusu ngai te?" Kasi na ba tango wana, tosengeli kokanisa bolingo na Nzambe na malamu kolrka mpe kolekela mimekano. Tosengeli kondima ete Nzambe Tata Alingi kokumnba bison a bisika malamu eleki Lola mpo ete Alingi biso. Soki tokokanga motema kino suka, tokokoma suka suka bana na solo na Nzambe. "Tika mpe ete mpiko ekokisa mosala na yango nye ete bozala basembwi mpe babongi kozanga eloko te." (Yakobo 1:40).

Ya Mibale, kondima nioso esengeli na biso kondima ete mimekano mizali nzela mokuse eleki mpona kokokisa maye tolikii.

Baloma 5:3-4 elobi ete, "Na koleka mpe, tokosepelaka ata kati na bolozi, awa eyebi biso ete bolozi ekoyeisa mpiko, mpe mpiko ekoyeisa motema na nguya mpe motema na nguya ekoyeisa elikya;" Momekano awa ezali lokola nzela mokuse mpona kokokisa elikya na biso. Bokoki kokanisa lokola ete, "Oh, mokolo nini nakoki kombongwana?" kasi soki bokokanga motema mpe bokokoba na kombongwana lisusu mpe lisusu, nde moke moke bokokoma solo muana solo mpe na kokoma na Nzambe oyo akokani na Ye.

Na bongo, Na tango momekano eyei, tosengeli kokima yango te kasi komeka koleka yango na makasi masengeli. Ya solo, ezali mobeko na mokili mpe posa na moto mpona kozwa nzela na ezangi pasi. Kasi soki tokomeka kolongwa na mimekano, mobembo na biso ikoleka kaka molayi. Ndakisa, ezali na moto oyo mbala na mbala mpona makambo nioso alukaka komemela bino kokoso. Bokolakisa yango na libanda te, kasi bozali koyoka mabe na tango nioso bokutani na moto yango. Nde, bokoluka kaka kokima ye. Na likambo oyo, bosengeli kaka komeka kokima likambo yango te, kasi bosengeli kolonga yango na makasi. Bosengeli kokanga motema na kokoso bozwi epai na ye, mpe kokolisa motema na kososola ye solo mpe na kolimbisa moto yango. Bongo, Nzambe Akopesa bino ngolu mpe bokombongwana. Lolenge moko, moko na moko na mimekano mikokoma libanga na kotambolela mpe nzela mokuse mpona kokokisa elikya.

Mpona kondima nioso, tosengeli kaka kosala bolamu.

Na tango tokutani na makambo na sima, ata sima na kolekela makambo nioso kolandana na Liloba na Nzambe, na momesano bato bamilelaka epai na Nzambe. Bakomilelaka na kolobaka ete, "Pona nini makambo mazali kombongwana tea ta sima na kosalela Liloba?" Mimekano nioso na kondima mimemani na moyini zabolo mpe Satana. Mingimingi, mimekano mpe pasi mizali bitumba kati na malamu mpe mabe.

Kozwa elonga kati na etumba oyo na molimo, tosengeli kobunda kolandana na mibeko na mokili na molimo. Mobeko na mokili na molimo ezali ete bolamu elongaka na suka. Baloma 12:21 elobi ete, "Tika te ete mabe mazongisa yo sima, yo zongisa mabe nsima na mpo malamu." Soki tokosalaka na bolamu lolenge eye, ekoki komonana lokola tobungisi na ngonga wana, kasi solo, ezali bokeseni. Ezali mpo ete Nzambe sembo mpe malamu Akambaka nioso na libaku malamu, libaku mabe, mpe bomoi mpe kufa na bato. Na bongo, na tango tokutani na mimekano, mikakatano, mpe konyokolama, tosengeli kaka kosala na bolamu.

Na makambo misusu ezali na bandimi bakutani na minyokoli epai na bandeko na bango bandimela te. Na likabo eye, mondimi akoki komituna été, « Pona nini mobali na ngai azali mabe boye ? Pona nini mwasi na ngai mabe boye? Nde bongo momekano ikokoma molayi mpe monene na koleka. Nini ezali bolamu na likambo oyo? Bosengeli kobondela kati na bolingo mpe kosalela bango kati na Nkolo. Bosengeli kokoma minda mizali kongala makasi mpenza kati na mabota na bino.

Soki bokosalaka kaka bolamu epai na bango, Nzambe Akosala mosala na Ye na tango esengeli. Akobengana moyini zabolo mpe Satana mpe Akoningisa motema na bandeko na bino na libota mpe lokola. Mikakatano nioso mikosilisama na tango bosali kati na bolamu kolandana na mibeko na Nzambe. Mopanga monene eleki na etumba na molimo ezali nguya to bwanya na bato te kasi bolamu na Nzambe. Na boye, tika tokanga motema kaka kati na bolamu mpe tosala makambo malamu.

Ezali bongo na moto pembeni na bino na oyo bokokanisaka ete ezali pasi mingi kozala na ye mpe na kondima? Bato misusu basalaka mbeba na tango nioso, bamemaka pasi mpe minyoko epai na basusu. Basusu bayimaka yimaka mingi ata na kokoma na nkanda na makambo mike. Kasi soki bokolisi bolingo na solo kati na bino, ekozanga moto ten a oyo bokokanga motema te. Ezali mpo ete bokolinga basusu lokola bino moko, kaka lolenge Yesu Alobelaki biso ete tolinga bazalani na biso lokola biso moko (Matai 22:39).

Nzambe Tata mpe Asosolaka biso mpe Andimaka bison a lolenge oyo. Kino tango bokokolisa bolingo oyo kati na bino, bosengeli kobika lokola nyama na mangaliti. Tango eloko na libanda lokola zelo, misisa na mai monana, to biloko na yango mimonani kati na poso mpe nzoto na ye, nyama na mangaliti akombongola yango na mangaliti na motuya! Na lolenge oyo, soki tokolisi bolingo na molimo, tokoleka na nzella na ekuke na mangaliti mpe tokokende na Yelusaleme na Sika bisika Ngwende na Nzambe izwami.

Bokanisa kaka tango bokoleka na ekuke na mangaliti mpe mabanzo na lobi eleki na bino kati na mokili oyo. Tosengeli kokoka kotatola epai na Nzambe Tata ete, Matondi mpona kokanga motema, kondima, kolikya, kozala na molende na nioso mpona ngai," mpo ete Akoyeisa mitema na biso kitoko mingi lokola mangaliti.

Bolingo na Kokoka

"Bolingo ekosuka te. soko bosakoli izali, ikolimwa; soko maloba na ndenge na ndenge, ikosuka.; soko boyebi, ekolimwa. Pamba te toyebi bobele na ndambo mpe tokosakolaka bobele na ndambo. Nde wana ekoya oyo ezali malamu nioso, oyo ezali oyo ezali bobele ndambo ndambo ekolimwa. Ezalaki ngai mwana, nalobaki lokola mwana, nakanisaki lokola mwana, nabongisaki makambo lokola mwana. Nde esili ngai kokoma mobali, nabwaki makambo na mwana. Pamba te sasaipi tozali kotala makambo lokola kati na talatala mpe tokokakanaka, kasi nan tango yango tokotalana bilongi. Sasaipi nayebi bobele na ndambo, nde na ntango yango nakoyebama pelamoko nayebami. Bongo kondima mpe elikya mpe bolingo izali koumela, yango misato. Nde oyo eleki kati na yango ezali bolingo."

1Bakolinti 13:8-13

Tango bokeyi na Lola, soki bokoki komema eloko moko elongo na bino, nini bokolinga kozwa? Wolo? Diamant? Misolo? Mana niso mazali mpamba na Lola. Na Lola ba balabala wapi bozali konyata mizali wolo epetolama. Nini Nzambe Tata abongisa na bisika na Lola mizali mpenza kitoko mpe na motuya mingi. Nzambe Asosolaka mitema na biso mpe Azali kobongisa ya motuya eleki na makasi na Ye nioso. Kasi ezali na eloko moko tokoki kozwa ewuti na mokili oyo, mpe yango ekoki kozala na motuya mingi na Lola mpe lokola. Ezali bolingo. Ezali bolingo oyo ikolisami kati na motema na bison a tango tobikaka na mokili oyo.

Bolingo Elingami mpe na Lola, lokola

Na tango koleka na baton a nse na moi ekosila mpe tokei na bokonzi na Lola, makambo nioso na mokili oyo makolimwa (Emoniseli 21:1). Nzembo 103:15 elobi ete, "Mpona moto mikolo na ye mizali pelamoko matiti; akobima lokola fololo na elanga." Ata makambo makoki komonan te lokola bozwi, koyebana, mpe mpifo nioso mikolimwa. Masumu niioso mpe molili lokola koyina, koswana, zua, mpe likunia mikolimwa.

Kasi 1 Bakolinti 13:8-10 elobi ete, "Bolingo ekosuka te, soko bosakweli izali, ikolimwa, soko maloba na ndenge na ndenge, ikosuka; soko boyebi ikolimwa; pamba te, toyebi bobele na ndambo mpe tokosakolaka bobele na ndambo; Nde wana ekoya oyo ezali malamu nioso, oyo ezali bobele ndambo ndambo ekolimwa."

Likabo na kosakola, minoko na sika, mpe boyebi na Nzambe mazali nioao makambo na molimo, nde pona nini tokologwa na yango?Na Lola ezali mokili na molimo mpe ezali bisika na kokoka. Na Lola tokoya na koyeba makambo nioso polele. Ata soki tozali kosolola na Nzambe malamu mpe tozali kosakola, ezali mpenza na bokeseni na kososola makambo nioso kati na Bokonzi na Lola ekoya. Bongo, tokososola malamu mingi motema na Nzambe Tata mpe Nkolo, nde masakoli makozala lissusu na tina te.

Lolenge moko na minoko na sika. Awa,'minoko na sika' etalisi na koto ebele. Sik'awa tozali na ba koto mingi na mokili oyo, nde kosolola na basusu tosengeli koyekola ba koto na bango. Likolo na bokeseni na bikolo, tozali na bosenga na tango mingi mpe na makasi mpona kokabola motema mpe makanisi. Ata soki tolobaka koto moko, tokoki te mpenza kososola makanisi mpe mitema na basusu. Ata soki tolobaka malamu mpe na sembo, ezali pete ten a komema mitema mpe makanisi 100% na bato. Likolo na maloba tokoki kososola mabe mpe koswana. Ezali mpe na ba mbeba ebele kati na maloba.

Kasi soki tokeyi na Lola, tosengeli te komitungisa likolo na makambo wana. Ezali kaka na koto moko na Lola. Nde ezali na bosenga ten a komitungisa likolo na kososola basusu malamu te. Mpo ete motema malamu ekomemana lolenge ezali, kuna bososoli mabe to mpe pasi, Ezali lolenge moko na boyebi. Awa, boyebi etalisi botyebi na Liloba na Nzambe. Tango tozali kobika kati na mokili oyo tokoyekolaka nokinoki Liloba na Nzambe. Na nzela na ba buku 66 kati na Biblia, toyekolaka lolenge nini tokoki kobikisama mpekozwa bomoi na seko. Toyekolaka likolo na mokano na Nzambe, kasi ezali kaka eteni na mokano na Nzambe, yango ezali kaka oyo esengeli na biso mpona kokende Lola.

Ndakisa, toyokaka mpe toyekolaka mpe tosalelaka maloba

lokola, 'Bolingana bino na bino,' 'Koyokela likunia te, kozala na zua te,' mpe bongo na bongo. Kasi na Lola, ezali kaka na bolingo, nde bongo, tozali na bosenga na mayebi wana kun ate. Ata soki mazali makambo na molimo, na suka ata bisakoli, ba koto nde na ndenge, mpe mayebi nioso makolimwaka mpe lokola. Ezali mpo ete mazali na bosenga kaka na mokili oyo na mosuni.

Ezali motuya koyeba likolo na Liloba na solo mpe koyeba likolo na Lola, kasi koleka na motuya ezali kokolisa bolingo. Na lolenge oyo tokati ngenga na motema na biso mpe tokolisi bolingo tokoka kokende na bisika eleki motuya na Lola.

Bolingo Ezali Motuya Mpona Seko

Bokanisa kaka tango na bolingo na bino na liboso. Esengo nini bozalaki na yango! Lolenge tolobaka ete tozipamaka miso na bolingo, soki solo tolingaka moto, tokoka komona kaka makambo malamu kati na ye mpe makambo nioso kati na mokili mikomonana kitoko. Kongenga na moi ikomonana makasi koleka, mpe tokoki koyoka solo malasi ata na mopepe. Ezali na matangi maye malobi ete eteni na bongo oyo endimaka mabe mpe etukaka izali moke na oyo na bolingo. Na lolenge moko, soki botondisami na bolingo nanNzambe kati na motema, bokozala kaka na esngo ata soki bolei te. Na Lola, esengo na lolenge oyo ikowumela seko.

Bomoi na biso kati na mokili oyo ezali lokola bomoi na mwana na kopimama na bomoi tokozala na yango na Lola. Muana bebe oyo abandi kaka koloba akoka koloba kaka maloba na pete nan a pasi te mibale to bongo na bongo, lokola 'mama' mpe 'tata' Akoka kolimbola makambo mingi ten a mozindo. Lisusu, bana bakoki kososola makambo na pasi na mozindo te. Lisusu, bana bakoki kososola mingi na mokili na bakolo te. Bana balobaka, basosolaka, mpe bakanisaka kati na mayebi na bango mpe makoki lokola bana. Bayebi mpenza malamu te talo na misolo, nde soki batalisi bango likuta to mosolo na likasa, bakoluka kozwa ebende (likuta). Ezali mpo été bayebi été likuta ezali motuya mpo été basalela yango mpona kosomba bonbon, kasi bayebi motuya na lokasa te.

Lolenge moko na bososoli na bison a Lola na tango tozali naino na mokili oyo. Toyebi ete Lola ezali esika malamu, kasi ezali ppasi mpona kolimbola lolenge na kitoko ezali na yango. Na bokonzi na Lola, ezali na bosuki te, nde kitoko ikoki kolimbolama na mobimba. Na tango tokomi na Lola, tokokoka mpe kososola mokili ezanga suka mpe na kokamwisa na molimo, mpe lolenge makambo nioso matambolaka kuna. Yango etalisami na 1 Bakolinti 13:11, "Ezalaki ngai mwana nalobaki lokolamwana, nakanisaki lokolamwana, nabongisaki makambo lokola mwana;Nde esili ngai kokoma mobali nabwaki makambo na bomwana."

Kati na bokonzi na Lola ezali na molili te, to mitungisi to komituna. Kaka bolamu mpe bolingo izalaka. Nde, tokoki kotalisa bolingo na biso mpe kosalelana na lolenge elingi biso. Na lolenge oyo, mokili na mosuni mpe mokili na molimo mikeseni mpenza. Solo ata na mokili oyo ezali na bokeseni mingi likolo na bososoli na bato mpe na makanisi kolandana na etape kati na kondima na moto na moto.

Kati na Yoane chapitre 2, moko na moko na etape kati na kondima na moto italisami na muana moke, muana, elenge mobali, mpe ba tata. Mpona ba oyo bazali na etape kati na kondima na bana mike to mpe na bana, bazali lolenge na bana na molimo. Bakoki solo kososola mozindo na makambo na molimo te. Bazali na makasi moke mpona kosalela Liloba. Kasi na tango bakokoma bilenge mibali to batata, maloba na bango, makanisi, mpe misala mikokesana. Bazali na makoki eleki mpona kosalela Liloba na Nzambe, mpe bakoki kolonga etumba na ba nguya na molili. Kasi ata soki tokokisi kondima na ba tata na mokili oyo, tokoki koloba ete tozali bana soki bapimi bison a tango tokokota na bokonzi na Lola.

Tokoyoka Bolingo Ekoka

Bomwana ezali tango na kobongama mpona kokoma mokolo, nde lolenge wana, bomoi kati na mokili oyo ezali tango na kobongisama mpona bomoi na seko. Mpe mokili oyo ezali lokola elilingi na kopimama na bokonzi na seko na Lola, mpe ekolekaka nokinoki. Elilingi izali eloko na solo te. Na maloba mosusu ezali solo te. Ezali kaka elilingi oyo ekokani na oyo na solo.

Mokonzi Dawidi Apambolaki Nzambe liboso na mayangani, mpe alobaki ete, " "Mpo ete tozali bapaya mpe batamboli liboso na Yo lokola batata na biso nioso; mikolo na biso na mokili ezali lokola elilingi, koumela te." (1 Ntango 29:15).

Tango tokotala na elilingi na eloko, tokoki kososola lolenge na mobimba na eloko yango. Mokili oyo na mosuni ezali mpe lokola elilingi iye ikopesaka biso likanisi na mokili na seko. Tango elilingi, oyo ezali bomoi na mokili oyo, ikoleka, eloko na solo ikomonisama malamu. Sik'awa, toyebi likolo na mokili na molimo kaka moke mpe malamu te, lokola tozalaki kotala kati na talatala. Kasi tango tokokende na bokonzi na Lola, tokososola malamu na lolenge tokomonaka elongi na elongi. 1 Bakolinti 13:12 itangi ete, "Pamba te sasaipi tozali kotala lokola kati na talatala mpe tokokakatanaka, kasi nan tango yango tokotalana bilongi; Sasaipi nayebi bobele na ndambo, nde nan tango yango nakoyeba pelamoko nayebami." Na tango ntoma Polo akomaki likolo na chapitre oyo na bolingo eleki mbula 2000. Talatala na tango wana ezalaki lolenge na talatala na lelo te. Isalemaka na milangi te. Bazalaka kozwa palata, bronze to ebende mpe babongisaki yango mpo ete etalisa pole. Yango tina talatala ezalaki malamu te. Ya solo, bato misusu bamonaka mpe bayokaka bokonzi na likolo malamu na miso na molimo miye mifungwama. Ata bongo, tokoka koyoka kitoko mpe esengo na Lola kaka moke.

Na tango tokokota bokonzi na seko na Lola, tokomona malamu na mozindo makambo nioso na bokonzi mpe koyoka yango mbala moko. Tokoyekola likolo na monene, bokonzi, mpe bonzenga na Nzambe oyo elekela maloba.

Bolingo Eleki Monene Kati naKondima, Elikya, mpe Bolingo

Kondima mpe elikya mazali motuya mingi mpona bokoli na kondima na biso. Tokoki kobikisama mpe kokende na Bokonzi na Likolo kaka na tango tozali na kondima. Tokoki kokoma bana na Nzambe kaka na kondima. Mpo ete tokoki kozwa lobiko, bomoi na seko, mpe bokonzi na Lola kaka na kondima, kondima ezali motuya mingi. Nde bozwi likolo na bozwi ezali kondima; Kondima ezali fongola mpona kozwa biyano na mabondeli na biso.

Nini mpona elikya? Elikya ezali mpe motuya; tozwaka bisika

na motuya na Lola na kozalaka na Elikya. Nde, soki tozali na kondima, solo mpe tokozala na elikya. Soki solo tondimelaka Nzambe mpe Lola mpe Lifelo, tokozala na elikya mpona Lola. Lisusu, soki tozali na elikya, tokomeka na kobulisama mpe kosala na molende mpona bokonzi na Nzambe. Kondima mpe elikya misengeli kozala kino tango tokokoma na bokonzi na Lola. Kasi 1 Bakolinti 13 :12 elobi été bolingo eleki, mpe pona nini ?

Yambo kondima mpe elikya mizali oyo esengeli kaka na tango na bomoi na bison a mokili oyo, mpe kaka bolingo na molimo nde ikotikala na bokonzi na Lola.

Na Lola tosengeli kondimela eloko moko soki emonani te to mpe kolikya eloko moko te mpo ete biloko nioso mikozala komonana na miso na biso. Toloba ete bozali na moto moko oyo bokolingaka mingi, mpe bokutanaki na ye mpona poso moko te, mpe lisusu, mpona ba mbula zomi. Tokozala na emotion monene mpe makasi na tango tokutani na ye lisusu sima na ba mbula zomi. Mpe kokutana na ye, oyo toyokaki mposa mpona ba mbula zomi, ekozala lisusu na moto akozanga ye ? Lolenge moko na bomoi na biso kati na Kristu. Soki solo tozali na kondima mpe tokolingaka Nzambe, tokokolisa elikya na boleki na tango mpe na bokoli na kondima na biso. Tokozala na mposa makasi na Nkolo na koleka na mikolo. Ba oyo bazali na elikya na Lola na lolenge oyo bakolobaka te ete ezali pasi ata soki bazali kozwa nzela moke na mokili oyo, mpe bakoningisama na momekano na lolenge moko te. Mpe na tango tokomi na bisika na bison a suka, bokonzi na Lola, tokozala lisusu na bosenga na kondima soko elikya lisusu te. Kasi bolingo ikotikala seko kati na Lola, nde yango tina Biblia elobi ete bolingo eleki.

Tokoki kozwa Lola na kondima, kasi soki tozangi bolingo, tokoka koingela na bisika eleki kitoko te, Yelusaleme na Sika.

Na makasi tokoki kozwa Bokonzi na Lola na lolenge oyo tokosala kati na kondima mpe elikia. Na lolenge oyo tozali kobika kolandana na Liloba na Nzambe, tolongoli masumu, mpe tokolisi motema kitoko, ekopesamela biso kondima na molimo, mpe kolandana na etape na kondima na molimo oyo, ekopesamela biso bisika ekeseni mpona kofanda na Lola; Paradiso, Bokonzi na Likolo, Bokonzi na Mibale, Bokonzi na Misato na Lola, mpe Yelusaleme na Sika. Paradiso ezali mpona ba oyo bazali na kondima kaka mpona kobikisama na kondimelaka Yesu Christu. Elakisi ete basalaka eloko moko te mpona Bokonzi na Lola. Bokonzi na Liboso na Lola ezali mpona ba oyo bamekaki kobika kolandana na Liloba na Nzambe sima na koyamba Yesu Chroistu. Eleki Paradiso na kitoko. Bokonzi na mibale na Lola ezali mpona ba oyo babikaka kolandana na Liloba na Nzambe na bolingo na bango mpona Nzambe mpe bazala sembo mpona bokonzi na Nzambe. Bokonzi na Misato na Lola ezali mpona ba oyo balingaka Nzambe koleka nioso mpe balongola mabe na lolenge nioso mpe babulisama. Yelusaleme na Sika ezali mpona ba oyo bazali na kondima iye isepelisaka Nzambe mpe bazala sembo na ndako nioso na Nzambe.

Yelusaleme na Sika ezali esika na kobika na Lola iye ipesamaka na bana oyo na Nzambe bakolisa bolingo na kokoka kati na kondima, mpe ezali kulusutala na bolingo. Solo, moko te kasi Yesu Christu, muana se moko na Nzambe azali na makoki na kokoka kokota Yelusaleme na Sika. Kasi bison a kozalaka bikelamo tokoki mpe kozala na makoki na koingela kuna soki tondimisami na makila na motuya na Yesu Christu mpe tozwi kondima na kokoka.

Mpona biso kokokana na Nkolo mpe koingela kati na Yelusaleme na Sika, tosengeli kolanda oyo ezwaki Nkolo. Nzela yango ezali bolingo. Kaka na Bolingo oyo nde tokoki komema ba mbuma libwa na Molimo Mosantu mpe baton a esengo mpona kokoma na makoki na bana na Nzambe na solo, ba oyo bazali na lolengeNkolo. Na tango tozwi makoki na bana solo na Nzambe, tokozwa nioso tokosenga na mokili oyo, mpe tokozwa mbano na kotambola seko elongo na Nkolo na Lola. Na bongo tokoki kokende na Lola tango tozali na kondima, mpe tokoki kolongola masumu na tango tozali na elikya. Mpona likambo oyo kondima mpe elikya mizali solo na motuya, kasi bolingo ezali oyo eleki mpo ete tokoki koingela na Yelusaleme na Sika kaka soki tozali na bolingo.

"Bozalaka na nyongo epai na moto moko te, bobele nyongo na kolingana. Mpo ete ye oyo akolingaka moto mosusu azali kokokisa Mobeko. Mibeko oyo ete, Sala ekobo te, boma moto te, lula te, mpe lilako mosusu nini, iyangani nioso na mobeko oyo ete, Olinga mozalani na yo lokola yo moko. 'Bolingo ekosalelaka mozalani mabe te; bongo bolingo ezali kokokisa Mibeko."

Baloma 13:8-10

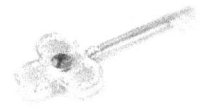

Eteni 3

Bolingo Ezali Kokokisa Mobeko

Chapitre 1 Bolingo na Nzambe

Chapitre 2 Bolingo na Christu

Bolingo na Nzambe

"Biso mpe tosili koyeba mpe kondima ete bolingo bozali na Nzambe kati na biso Nzambe Azali bolingo ye oyo azali koumela kai na bolingo azali koumela kati na Nzambe mpe Nzambe Akoumelaka kati na ye."

1 Yoane 4:16

Na tango azalaki kosala na ba Indien na ekolo na Quechua, Elioti abandaki komibongama mpona kokutana na ekolo na Huaorani baton a matata bakenda sango. Ye elongo na ba missionaire minei, Ed McCully, Roger Youderian, Peter Fleming mpe mokumbi na bango Nate Saint, basalaki contact na pepo na bango na ekolo na ba Indien Huaorani, na kosalelaka lace voix mpe kitunga mpona kopesa mabonza. Sima na ba sanza ebele, bango bazwaki mokano na kotonga base moke na mosika moke na ekolo na ba Indien, pembeni na ebale na Curaray. Kuna bapusamaki na ndambo na ba Huaorani, mpe bapesaki ata kopusa pepo na bango na moko na kilikili na nkombo na Jeorge (Kombo na ye na solo ezalaki Naenkiwi). Na bokutani mana na mosuni, babandaki likambo na kokende kokutana na ba Huaorani, kasi mokano na bango ebebaki na boyei na etuluku monene na ba Huaorani, ba oyo babomaki Elioti elongo na baninga ba ye minei na Janvier 8, 1956, nzoto na Elioti babebisa emonanaka nan se na mai, elongo na oyo na baninga ba ye, na bozangi na oyo na Ed McCully.

Elioti elongo na baninga ba ye bayebanaki na mbala moko mokili mobimba lokola babomami, mpe Magazine bomoi babimisaki makasa 10i na makomi na mosala na bango mpe kufa. Epesameli bango longonya mpona kopesa mission na Bakristu talo mingi kati na bilenge na tango na bango, mpe bamonani kino lelo lokola encouragement na ba missioanaire na Bakristu bakosalaka mokili mobimba. Sima na kufa na mobali na ye, Elisabeth Elioti mpe ba missioanaire misusu babandaki mosala kati na ba Indien na Auca, bisika bazwaki impacte makasi mpe babongolisaki mitena na ba mingi. Milimo ebele balongamaki na bolingo na Nzambe.

Bolimngo oyo itombwami likolo na ba bolingo nioso ezali bolingo na Nzambe mpona biso. Kokela na makambo nioso mpe na bato euti na bolingo na Nzambe

Nzambe Akelaki Makambo Nioso mpe na Bato mpona bolingo na Ye

Na ebandeli Nzambe Azalaki komeka espace monene na univer mobimba kati na ye moko. Univer yango ikesana na univer oyo toyebi lelo. Ezali espace oyo izanga ebandeki mpe Suka to bosiki na lolenge moko te. Makambo nioso masalemaka kolandana na mokano na Nzambe mpe nini Alingi kati na Motema na Ye. Bongo, soki Nzambe Akoki kosala mpe kozala na eloko nioso Alingi, tina nini Akelaka bato ?

Alingaka bana na solo na oyo Akokaki kokabola kitoko na mokili na Ye oyo Ye Azalaki kosepela. Alingaka kokabola espace wapi nioso ezalemaki kolandana na oyo elingami kosalema. Ezali lolenge moko na makanisi na bato; tolingaka kokabola makambo polele polele na ba oyo biso tolingaka. Na elikya oyo, Nzambe Abongisa boleki na baton a nse na moi mpona kozwa bana na solo.

Lokola etape na liboso, Akabolaka univer moko kati na mokili na mosuni mpe mokili na molimo, mpe Akelaki mapinga na Lola mpe banje, bikelamo misusu na molimo, mpe biloko nioso misengelaki na mokili na molimo. Asalaki espace mpona Ye kofanda elongo na bokonzi na Lola esika wapi bana na Ye na solo bakozala, mpe espace na bato kolekela bokoli na bato na nse na moi. Sima na tango molayi ikoki kotangama te, Akelaka Mabele kati na espace na mosuni elongo na moi, sanza, mpe minzoto, mpe environement esengelaki, nioso na bosenga mpona kobika na moto.

Ezali na ebele na bikelamo na molimo pembeni na Nzambe lokola banje, kasi batosaka kaka, lolenge na ba robot. Bazali bikelamo na oyo Nzambe Akoki kokabola bolingo na Ye te. Mpona ntina oyo Nzambe Akela bato na elilingi na Ye mpona kozwa bana na solosolo na oyo Akoki kokabola bolingo na Ye. Soki tokokaki kozala na ba robot na bilongi kitoko mpe bzali kosala lolenge moko na oyo bino bolingi bango kosala, bakoka solo kozwa esika na bana na bino moko? Ata soki bana na bino bayokelaka bino ten a tango na tango, bakozala malamu koleka ba robot wana mpo ete bakoki koyoka bolingo na bino mpe kotalisa bolingo na bango mpona bino. Ezali lolenge moko na Nzambe. Alingaki bana na solo na ba oyo akoka kokabola motema na Ye. Na bolingo oyo, Nzambe Akelaki moto wa yambo, ye azalaki Adamu.

Sima na Nzambe kokela Adamu, Asalaki Elanga na esika ebengami Edeni bisika moi ebimaka, mpe Amemaki ye kuna. Ezali bisika kitoko na nkamwa wapi ba fololo mpe ba nzete ikolaka malamu mingi mpe ba nyama bonzenga bakotambolaka bisika bisika. Izali na ba mbuma malamu esika nioso. Izali na mopepep kitoko iye iyokanaka malamu lokola elamba na pete mingi mpe matiti mikobimisaka makelele na ba nzembo. Mai makosopanakaa lokola mabanga na motuya na kongala na minda kati na yango. Ata na bwanya eleki na bato, moto akoka mpenza kolimbola kitoko na esika wan ate.

Nzambe mpe Apesaki mosungi na Adamu mpe kombo na ye ezalaki Ewa. Ezaliki te mpo ete Adamu ye moko ayokaki kozala ye moko. Nzambe Asosolaki motema na Adamu wuta kala mpo ete Nzambe mpe Azalaka Ye moko mpona ba tango molayi. Na esika na kobika malamu epesamelaki bango na Nzambe, Adamu na Ewa batambolaki na Nzambe mpe, mpona tango molayi mingi, basepelaki mpifo monene lokola nkolo na ekelamo nioso.

Nzambe Akolisaka Bato mpona kokomisa bango bana na Ye na solo

Kasi Adamu na Ewa bazangaki eloko moko mpona bango bakoma bana na Nzambe na solo. Ata ete Nzambe Apesaki bango bolingo na Ye na mobimba, bakokaki solo te koyoka bolingo na Nzambe. Basepelaki na biloko nioso oyo Nzambe Apesaki bango, kasi ezalaki na eloko moko te bazwaki na makasi na bango moko. Nde, basosolaki te motuya nini bolingo na Nzambe Ezalaki, mpe bapesaki matodi na oyo epesamelaki bango te. Lisusu, batikala na kokutana na kufa te to bozangi na esengo, mpe bayebaka motuya na bomoi te. Batikala kokutana nakoyina te, nde basosolaki talon a bolingo te. Ata soki bayokaki mpe bayebaki likolo na yango lokola mayebi na bongo, bakokaki koyoka bolingo na solo te kati na mitema na bango mpo été batikala kozala na experience te.

Tina na Adamu na Ewa baliaka na nzete na koyeba malamu mpe mabe ifandi awa. Nzambe Alobaki ete, "...Pamba te mokolo okolia yango okokufa solo." Kasi bayebaki tina mobimba na kufa te (Genese 2 :17). Bongo Nzambe Ayebaka te été balingaka kolia na nzete na boyebi malamu mpe mabe ? Ayebaka. Ayebaka, kasi apesaka kaka Adamu mpe Ewa makoki na kopona botosi. Awa mokano na koleka na moto na nse na moi efandisami.

Na nzela na koleka na bato na nse na moi, Nzambe Alingaka bato nioso bakutana na mpinzoli, mawa, ppasi, kufa, bongo na bongo, nde na tango bakokoma na Lola na sima, bakoyoka solo boni motuya mpe talo makambo na Lola mazali, mpe bakokoka kosepela esengo na solo. Nzambe Alingaki kokabola bolingo na Ye elongo na bango mpona libela na Lola, yango ezali, likolo na kopimisama, kitoko koleka ata Elanga na Edene.

Sima na Adamu na Ewa kobuka mobeko na Nzambe, bakokaki lisusu te kobika kati na Elanga na Edene. Mpe wuta Adamu mpe abungisaki mpifo lokola nkolo na bikelamo nioso, ba nyama nioso mpe ba nzete mpe malakelamaki mabe lokola. Mabela na kala ezalaki na bofuluki mpe kitoko, kasi yango mpe elakelamaki mabe. Sasaipi ebimisaki ba nzube mpe matiti pamba, mpe bato bakokaki kobuka eloko moko te soko kobimisa motoki na mbunzu na bango.

Ata soki Adamu mpe Ewa bazangaki kotosa Nzambe, Asalelaki bango kaka bilamba na poso na nyama mpe Alatisaki bango, mpo ete basengelaki kobika na mokili na bokeseni mpenza (Genese 3:21). Motema na Nzambe esengelaki kopela lokola oyo na baboti basengeli kotinda bana na bango mosika mpona tango moko mpona kobongisa lobi na bango. Ata bolingo oyo na Nzambe, kala te sima na kobanda na boleki na moto na nse na moi, bato babebisamaki na masumu, mpe noki noki bakomaki mosika na Nzambe.

Baloma 1:21-23 elobi ete, "Ata bayebaki Nzambe, bakumisaki Ye lokola Nzambe te mpe Batondaki Ye te; kasi makanisi na bango bakomaki bilema mpe mitema na bango mizangaki mayele,

izindaki na molili. Elobaki bango ete bazali na mayele, bakomaki ba zoba; basenjaki nkembo na Nzambe oyo ekobeba te mpona bikeko na motindo na bato ba oyo bakokufaka mpe bandeke mpe ba nyama na makolo minei mpe banyama bakolandalanda."
Mpona moto mosumuki oyo, Nzambe Atalisi mokano na Ye mpe bolingo na nzela na baponami na Yisalele. Na loboko moko, na tango babikaki kolandana Liloba na Nzambe, Atalisaki bilembo na nkamwa mpe bikamwa mpe Apesaki bango mapamboli minene. Na loboko mosusu, na tango balongwaki na Nzambe, kongumbamela bikeko mpe kosala masumu, Nzambe Atindaki basakoli ebele mpona kopesa bolingio na Ye.

Kati na basakoli wana ezalaki na Hosea, oyo azalaki makasi na ekeke na molili sima na Yisalele ekabwanaki kati na bokonzi na Yisalele na likolo mpe Yuda na nse.

Mokolo moko Nzambe Apesaki Hosea motindo makasi, "Kenda kokamata mwasi na pite mpe bota bana kati na pite" (Hosea 1:2). Ikokaki te kosalema mpona mosakoli na Yawe kobala mwasi na pite. Ata soki asosolaka mokano mobimba na Nzambe te, Hosea Atosaki Liloba na Ye mpe azwaki mwasi na nkombo na Gomele lokola mwasi na ye.

Babotaki bana basato, kasi Gomele akendaki na maboko na mobali mosusu na kolandaka ba posa mabe na ye. Ata bongo, Nzambe Alobelaki Hosea alinga mwasi na ye (Hosea 3:10. Hosea akendeki kolukisa ye mpe asombaki ye mpona ye moko na ba shekels na palata zomi na mitano mpe na homele moko mpe ndambo nan a leteke na loso. Bolingo Hosea apesaki na Gomele etalisi bolingo na Nzambe epesameli biso. Nde, Gomele mwasi na pite elakisi bato nioso ba oyo babebisami na masumu. Kaka lolenge Hosea azwaki mwasi na pite lokola mwasi na ye, Nzambe yambo alingaka biso ba oyo tobebisamaki na masumu na mokili oyo. Atalisaki bolingo na ye ezanga suka, na kolikyaka ete bato nioso bakolongwa na ba nzela na bango na kufa mpe bakokoma ban aba Ye. Ata soki balingami na mokili mpe bakomi mosika na Nzambe na ngonga moko, Akoloba te ete, "Olongwaki mosika na gai Nakoki kondimela yo te lisusu." Alingi ete moto nioso azongela Ye mpe Asalaka bongo na motema makasi makasi mbe baboti oyo bazali kozela mpona bana bana na bango ba oyo bakomaki ndako ete bazonga.

Nzambe Abongisaka Yesu Christu ata Liboso na Bikeke

Lisese na mwana na kilikili kati na Luka 15 etalisi na mozindo motema na Nzambe Tata. Mwana na mibale oyo asepelaki bomoi na bozwi lokola mwana azalaki na motema na matondi mpona tata na ye te mpe asosolaki talo na lolenge na bomoi azalaki kobika te. Mokolo moko asengaki misolo na bokitani na ye. Azalaki na komona mwana malamu te oyo azalaki kosenga misolo na kokitana na ye na tango tata na ye azalaki na bomoi.

Tatat akokaki kopekisa mwana na ye te, mpo ete muana na ye asosolaki motema na baboti na ye malamu te, mpe ayaki kopesa misolo na bokitani na mwana na ye. Muana azalaki na esengo mpe akendaki na mobembo. Pasi na Tata ebandaki na mokolo wana. Amitungisaki na kufa na kokanisaka ete, "Nini soki azwi pasi? Bongo soki akutani na bato mabe? Tata akokaki ata kozwa mpongi ekoka te likolo na komitungisa mpona muana na ye, na kotalaka mosika mpe kolikyaka ete muana na ye akozonga.

Kala te misolo na mwana misilaki, mpe bato babandaki konyokola ye. Azalaki na situation na pasi ete alingaki kotondisa libumu na ye na bilei na ba ngolu, kasi moto moko te apesaki ye eloko. Sasaipi akanisaki ndako na tata na ye. Azongaki na ndako na tata na ye kasi soni elekaki ye ete akokaki ata kotombola moto na ye te. Kasi tata akimaki epai na ye mpe apesaki ye lipuepwe. Tata apamelaki ye te mpona likambo nini kasi kutu azalaki kaka na esengo nde alataki ye elamba na motuya mpe abomaki muana na ngombe mpe asalelaki ye feti. Oyo nde bolingo na Nzambe.

Bolingo na Nzambe epesamaka kaka na bato moko ten a tango moko te. 1 Timote 2:4 elobi ete, "[Nzambe] oyo alingi ete bato nioso babika mpe bakoma na boyebi na solo." Atikaka tango nioso ekuke na lobiko polele na tango nioso, mpe na tango nioso molimo ezangeli Nzambe, Akoyambaka molimo nioso na esengo mingi mpe na kosepela.

Na bolingo oyo na Nzambe oyo Atikaka biso te kino suka, nzela efungwamaki mpona moto nyoso azwa lobiko. Ezali ete Nzambe Abongisaka Muana na Ye se moko na likinda Yesu Christu. Lolenge ikomama kati na Baebele 9:22 ete, "Eee, nan se na Mibeko biloko nioso mipetwi na makila, mpe soki makila masopani te kolimbisama na masumu ezali te," Yesu Afuta niongo na masumu ete basumuki basengelaki kofuta, na makila ma Ye na talo mpe bomoi na Ye moko.

1 Yoane 4:9 elobeli bolingo na Nzambe lolenge ekomami, "Bolingo na Nzambe emonaneli biso ete Nzambe Atindaki Mwana na Ye na Likinda ete tobikisama na nzela na Ye." Nzambe Amema Yesu Atangisa makila ma Ye na motuya mpona kosikola baton a masumu na bango. Yesu Abakamaki na ekulusu, kasi

Alongaki kufa mpe Asekwaki na mokolo na misato, mpo ete Azalaki na lisumu moko te. Na nzela na oyo nzela na lobiko efungolamaki. Mpona kopesa na biso muana na Ye se moko na likinda ezali pete te lolenge eyokami. Lisese na baton a Coree elobi ete, "Baboti mingi bayokaka pasi tea ta soki bana na bango batiami na miso na bango." Baboti mingi bayokaka ete bomoi na bana na bango eleki oyo na bango.

Na bongo, mpona Nzambe kopesa Mwana na Ye se moko na likinda Yesu etalisi biso bolingo na koleka. Lisusu, Nzambe Abongisa bokonzi na Lola mpona ba oyo Ye Azongela na nzela na makila ma Yesu Christu. Nini bolingo monene yango ezali1 Ata bongo bolingo na Nzambe esuki kun ate.

Nzambe Apesa biso Molimo Mosantu mpona komema bison a Lola

Nzambe Apesa Molimo Mosantu lokola libonza na ba oyo bandimeli Yesu Christu mpe bazwi bolimbisi na masumu. Molimo Mosantu ezali motema na Nzambe. Kobanda tango na konetwama na Nkolo, Nzambe Atinda Mosungi, Molimo Mosantu kati na mitema na biso.

Baloma 8:26-27 itangi ete, "Bongo mpe Molimo Akosungaka biso kati na bolembu na biso. Mpo ete toyebi te kobondela na motindo mokoki. Ye oyo Atalaka kati na mitema na bato Ayebi yango Molimo akokanisa, mpo ete Akobondelaka mpona baton a Nzambe pelamoko na mokano na Nzambe."

Na tango tozali kosumuka, Molimo Mosantu Atambwisaka biso kati na tubela na nzela na kolela makasi kati na motema. Mpona ba oyo bazali na kondima moke, Apesaka kondima; na ba oyo bazali na elikya te Apesaka elikya. Kaka lolenge ba mama bakosungaka mpe kosalelaka bana na bango, Apesaka biso mongongo na Ye nde tokokoka te kosala mabe to koyoka pasi na ndenge nini. Na lolenge oyo Akotika biso toyeba likolo na motema na Nzambe oyo Alingaka biso, mpe Akambaa bison a bokonzi na lola.

Soki tokososola bolingo oyo na mozindo, tokoka komikanga te kaka kolinga mpe Nzambe. Soki tokolinga Nzambe na motema na biso, Akozongisela biso bolingo monene mpe na nkamwa oyo ekolekela biso. Apesaka biso nzoto makasi, mpe Akopambola makambo nioso matambola malamu mpona biso. Akosalaka bongo mpo ete ezali mobeko na mokili na molimo, kasi na motuya koleka, Asalaka boye mpo ete Alingi biso toyoka bolingo na Ye na Nzela na mapamboli tokozwaka na nzela na Ye. "Nalingaka ba oyo balingaka ngai; mpe ba oyo balukaka ngai solo bakutanaka na ngai" (Masese 8:17).

Nini boyokaka na tango bokutanaka na Nzambe mbala liboso mpe bozwaka lobiko to solution na makambo na bino kilikili? Bosengelaki koyoka ete Nzambe Alingaki ata mosumuki lokola bino. Nandimi ete bosengelaki kotubela kati na motema bino ete, "Tokoki solo kotondima mai monana na mai na ekomeli, mpe mapata makoma carte na nzela, mpona kokoma bolingo na Nzambe likolo, ikoki kokawusa ocean.' Lisusu, nandimi ete bokamwisamaki na bolingo na Nzambe oyo Apesa bino Lola na seko bisika mitungisi mizali te, soko bokono, soko bokabwani, soko kufa.

Tolinga Nzambe baton a liboso te, Nzambe Ayaka yambo epai na biso mpe Afongolelaki biso maboko ma Ye. Alingaka biso te mpo ete tosengelaki na kolingama. Nzambe Alinga biso mingi mpenza ete Apesa biso Muana na Ye se moko na likinda mpona biso ba oyo tozalaki basumuki mpe tosengelaki na kufa. Alingaka bato nioso, mpe Amitungisaka mpona bison a bolingo eleki monene oyo mama moke te akoki kobosana muana na ye na mabele (Yisaya 49:150. Azelaka biso lokola mbula nkoto izalaki mokolo moko.

Bolingo na Nzambe izali bolingo na solo iye imbongwanaka tea ta na koleka na tango. Na tango tokokoma na Lola na sima, mbanga na biso ikokweya nan se na komonaka montole kitoko, bilamba pete pete na kongala, mpe ba ndako na Lola itongama na wolo mpe mabanga na motuya, oyo Nzambe Akobongisela biso. Apesaka biso mabonza mpe ba cadeaux ata kati na bomoi na biso awa, mpe Azali kozela makasi mpona mokolo na kozala elongo na bison a nkembo na Ye na seko. Tika biso toyoka bolingo na Ye monene.

Bolingo na Christu

"...Botambolaka mpe na bolingo pelamoko Kristu mpe Alingaki biso mpe Amikabi Ye mpenza mpona biso lokola mbeka na kotumba mpe moboma na solo malamu epai na Nzambe."

Baefese 5;2

Bolingo ezali na nguya monene mpona kokomisa masengelaki te masengela. Mingi mingi, bolingo na Nzambe mpe bolingo na Nkolo ikokamwisaka mpenza. Ikoki kobongola bato oyo basengelaki te kosala eloko na bato na makoki ba oyo bakoki kosala nioso. Na tango bazangi kotanga na balobi mbisi, bakamati na mpako- ba oyo na tango wana bamonanaki lokola basumuki-babola, basi bakufeli mibali, mpe bato babwakami na mokili, bakutanaki na Nkolo, bomoi na bango imbongwanaki mpenza. Bobola na bango mpe bokono misilaki, mpe bayokaki bolingo na solo oyo batikala koyoka na liboso te. Bamimonaki bango moko eloko te, kasi babotamaki sika lokola bisaleli na nkembo na Nzambe. Oyo ezali nguya na Nzambe.

Yesu Ayaka Na mokili oyo na kobwakisaka nkembo nioso na Lola

Na ebandeli Nzambe Azalaka Liloba mpe Liloba Ekitaki na Mokili oyo na nzoto na moto. Ezali Yesu, Muana se moko na likinda na Nzambe. Yesu Ayaka kati na mokili oyo mpona kobikisa bakangemi na bato ba oyo bazalaka kokende nzela na kufa. Nkombo Yesu elakisi ete Akobikisa baton a Ye na masumu (Matai 1 :21).

Bato bakangemi wana na masumu bakeseneki na ba nyama te (Mosakoli 3:18). Yesu Abotamaka na ndako na ba nyama mpona kosikola bato oyo babosana nini basengelaki kosala mpe bakeseneke na ba nyama te. Alalisamaki nan a elelo na ba nyama iye isengelaki na koleisa ba nyama mpona kokoma bilei na solo mpona bato wana 9Yoane 6;51). Ezalaki mpona kotika bato bazongela elilingi ebunga na Nzambe mpe kopesa bango nzela na kosala mosala na bango nioso. Lisusu, Matai 8:20 elobi ete, "Yesu Alobi na ye ete, nkaja izali na mabulu mpe ndeke na likolo izali na nzumbu, kasi Mwana na Moto azali na esika na kolalisa mutu na ye te." 2 Bakolinti 8:9 elobi ete, "Pamba te boyebi ngolu na Nkolo na biso Yesu Christu, ete Ye mozui Akomaki mobola mpona bino ete bozala bazwi mpona bobola na Ye."

Yesu Abandaki mosala na Ye na elembo na kobongola main a vigno na elambo na libala na Cana. Ateyali Liloba na Nzambe mpe Atalisaki bilembo mpe bikamwisi ebele na bisika na Yudea mpe na Galilea. Baton a mbala mingi babikisamaki, bakakatani batambolaki mpe basautaki, mpe ba oyo bakangamaki na milimo mabe babikisamaki na ngya na molili. Ata mokufi mpona mikolo minei mpe alumbaki mabe abimaki na nkunda ye na bomoi(Yoane 11).

Yesu Atalisaki makambo na kokamwisa oyo kati na mosala na Ye na mokili oyo mpona kososolisa bato bolingo na Nzambe. Lisusu, kozala moko na Nzambe na Ebandeli mpe Liloba Ye moko, Abatelaki Mobeko nioso mpona komema ndakisa malamu mpona biso. Lisusu, mpo ete abatelaki Mobeko mobimba, Apamelaki ba oyo babukaki Mobeko te mpe basengelaki kobomama. Alakisaki kaka solo epai na bato mpo ete ata molimo moko ikotubela mpe ikozwa lobiko.

Soki Yesu Apimaka moto nioso makasi kolandana na Mobeko, moto moko te akokaki kozwa Lobiko. Mobeko ezali mitindo na Nzambe koyebisaka bison a kosala, kosala te, kolongola, mpe kobatela makambo misusu. Ndakisa, ezali na mitindo lokola 'batela Sabata Bulee; Kolula biloko na mozalani nay o te; pas

lokumu na baboti bay o; mpe longola mabe na lolenge nioso'.
Suka na mibeko nioso izali bolingo. Soki bokobatela mibeko nioso, bokoka kosalela bolingo, ata na libanda.

Kasi oyo Nzambe Alingi biso kosala ezali kaka kobatela Mobeko na misala na biso te. Alingi biso tosalela Mobeko na bolingo kati na motema na biso.. Yesu Atebaka motema oyo na Nzambe malamu nde Akokisaki Mobeko na Bolingo. Moko na ba ndakisa malamu ezali likambo etali mwasi oyo akangamaki kati na kosala ekobo (Yoane 8). Mokolo moko, balakisi na Mobeko mpe Bafalisai bamemaki mwasi oyo akangamaki kati na kosala ekobo, batiaka ye kati na bato mpe batunaki Yesu ete:: "Kati na Mibeko, Mose alaki ete ekoki koboma basi na ndenge oyo na mabanga; Yo ozali koloba nini? (Yoane 8:5)

Balobaki boye mpona kozwa nzela na kofunda Yesu. Nini bokanisi ete mwasi wana azalaki kokanisa na tango oyo? Asengelaki koyoka soni mingi ete masumu ma ye matalisamaki na miso na bato nioso, mpe asengelaki kobanga makasi mpo ete alingaki kokufa na kobetama mabanga. Soki Yesu Alobaka ete, "Bobeta ye mabanga," bomoi na ye elingaki kosuka na mabanga mingi kobetamela ye.

Kasi Yesu Ayebisaki bango te ete bapesa ye etumbu kolandana na Mobeko. Kutu, Akitaki nan se mpe Abandaki kokoma eloko moko na mabele na mosapi na Ye. Ezalaki ba nkombo na masumu oyo bato kuna bameseneke kosala kuna. Sima na ye kotanga masumu na bango, Atelemaki mpe Alobaki ete, "Tika ete ye oyo azangi lisumu kati na bino, abwakela ye libanga liboso" (et. 7)

Tango oyo, Akomaki nan se masumu na moto na moto, lokola amonaki yango, na tango nini, bisika nini, mpe lolenge nini moto na moto asalaki masumu. Ba oyo batutamaki na motema balongwaki bisika moko na moko. Sukasuka, etikalaki kaka mwasi elongo na Yesu. Eteni elandi na 10 mpe 11 elobi ete, " "Yesu Atelemi mpe Alobi na ye ete, wapi bango, mama? Moto moko akitisi yo te? Ye alobi ete 'moto te Nkolo'. Yesu ALobi ete, 'ngai mpe nakokitisa yote. Kenda mpe longwa sasaipi sala lisumu lisusu te.'"

Bongo mwasi ayebaki te ete lifuti na ekobo ezalaki kufa na kobolama mabanga? Ya solo ayebaki. Ayebaki Mobeko kasi asalaki lisumu mpo ete akokaki te koleka mposa mabe na ye. Azalaki kozela ete baboma ye mpo ete lisumu na ye etalisamaki, mpe na lolenge akutanaki na bolimbisi akanaki ten a masumu epai na Yesu, boni makasi asengelaki na kosimbama1 Na lolenge oyo akanisaki bolingo na Yesu, akokakim lisusu te kosumuka lisusu.

Wuta Yesu na bolingo na Ye Alimbisaki mwasi oyo Abukaki Mobeko, ezali Mobeko pamba na lolenge tozali na bolingo mpona Nzambe mpe bazalani na biso? Ezali bongo te. Yesu Alobaki ete, 'Bokanisa te ete nayei kokangola makambo na Mibeko mpe basakoli. Nayei kokangola yango te kasi kokokisa yango" (Matai 5: 17).

Tokoki kosalela mokano na Nzambe malamu koleka mpo ete tozali na Mobeko. Soki moto akolobaka kaka ete Alingi Nzambe, tokoka te kopima boni mozindo mpe monene bolingo na ye ezali. Kasi, etape na bolingo na Ye ikoki kopimama mpo ete tozali na Mobeko. Soki solo alingaka Nzambe na motema na ye nioso, akobatela solo Mobeko. Soki solo Alingaka Nzambe na motema na ye mobimba, akobatela solo Mobeko. Mpona moto na lolenge oyo, ezali pasi te na kobatela Mobeko. Koleka, na lolenge oyo akobatela Mobeko malamu, akozwa bolingo na Nzambe mpe mapamboli.

Kasi baton a Mobeko na tango na Yesu basepelaki na bolingo na Nzambe kati na Mobeko Te. Batalaki na kokomisa motema na bango bulee te, kasi kaka na kobatela makambo na libanda. Bayokaki esengo ata na kobeta tolo na kobatela Mobeko na libanda. Bakanisaka ete bazalaki kobatela Mobeko, nde bongo basambisaki nambala moko mpe bakatelaki ba oyo babukaki Mobeko. Tango Yesu Alimbolaki tina na solo ifandisamaki kati na Mobeko mpe Alakisaki likolo na motema na Nzambe, balobaki ete Yesu azalaki sembo te mpe milimo mabe milataki Ye.

Mpo ete Bafalisai bazalaki na bolingo te, kobatela mpenza Mobeko esungaki milema na bango soko te (1 Bakolinti 13:1-3). Balongolaki mabe te kati na mitema na bango, kasi balekisaki kaka esambiseli mpe kokatela mabe epai na bato, bongo komibenda mosika na Nzambe. Sukasuka, basalaki lisumu na kobaka na ekulusu Mwana na Nzambe, oyo ekokaki te kobalusama.

Yesu Akokisaki Mokano na Ekulusu na botosi kino Kufa

Pembeni na suka na mosala na mbula misato, Yesu amataki na ngomba na Olive kaka liboso na ebandeli na Bapasi na Ye. Lolenge butu ekobaki, Yesu Abondelaki na motema moko na ekulusu liboso na Ye. Libondeli na Ye ezalaki kolela mpona kobikisa milimo nioso na nzela na makila maye oyo ezali mpenza na mbeba moko te. Ezalaki libondeli mpona kosenga nguya na kolonga minyoko na ekulusu. Abondelaki makasi mingi; mpe motoki ma ye ekomaki lokola matanga na makila, kokweyaka na mabele (Luka 22 :42-44).

Na butu wana Yesu Akangemaki epai na ba soda mpe bamemaki Ye bipai na bipai mpona kotuna Ye mituna. Sukasuka bakatelaki Ye kufa na esambiselo na Pilato. Ba soda Baloma batiaka ba nzube na moto na Ye, babwakelaki Ye soyi, mpe babetaka Ye makofi liboso na komema ye na esika na kobakama na ekulusu (Matai 27:28-31).

Nzoto na ye mobimba ezipamaki na makila. Asekamaki mpe Abetamaki fimbo butu mobimba, mpe na nzoto wana Akendaki na ngomba na gologota komemaka ekulusu na nzete. Etuluku monene na bato balandaki ye. Bayambaka Ye liboso na konganga Hosana nde sik'oyo bakomaki bato mabe konganga ete, "Bobakani Ye na ekulusu!" Elongi na Yesu ezipamaki na makila mingi ete ekokaki lisusu koyebana te. Makasi ma Ye nioso masilaki likolo na pasi bapesaki ye na minyoko mpe ezalaki pasi makasi mingi kobwaka ata lokolo moko liboso.

Sima na kokoma na Gologota, Yesu Abakamaki na ekulusu kosikola bison a masumu. Mpona kosikola biso, ba oyo tozalaki nan se na bilakeli mabe na Mobeko oyo elobaki ete lifuti na masumu izali kufa (Baloma 6:23), Abakamaki na ekulusu na nzete mpe Atangisaki makila ma Ye nioso. Alimbisaki masumu na biso tozalaki kosala na makanisi na bison a kolataka motole na nzube na moto na Ye. Abetamaki sete na maboko ma Ye mpe makolo mpona kolimbisa bison a masumu na biso oyo tozalaki kosala na maboko naa biso mpe na makolo.

Bato bazangi mayele ba oyo bayebaki likambo oyo te basekaki mpe babwakelaki Yesu soyi Ye oyo bamobakaki na ekulusu (Luka 23:35-37). Ata na pasi monene oyo Yesu Abondelaki mpona banyokoli na Ye lolenge etalisami na Luka 23:34, 'Tata, limbisa

bango; mpo ete bayebi te nini bazali kosala."
Kobakama na ekulusu ezalaki lolenge mnabe eleki mpona kobomama. Moto oyo akatelami asengelaki konyokwama na pasi molayi koleka ba etumbu misusu. Maboko mpe makolo mabetami sete makasi, mpe misuni na yango mapanzani, ezali na posa makasi na mai mpe desordre na kotambola na makila. Yango ememi kobebisama moke moke kati na biloko na kati na nzoto. Oyo bazali koboma mpe asengeli na konyokwama pasi ikowutaka na ba nyama mike mike komelaka makila ma ye.

Nini bokanisaki ete Yesu Akanisaka na tango Azalaki na ekulusu? Ezalaki pasi monene na nzoto na Ye te. Kasi kutu Azalaki kokanisa tina Nzambe Akelaka moto, tina na kokolisaka baton a nse na moi oyo, mpe tina esengelaki na Ye komikaba mbeka lokola mbeka na masumu na bato, mpe Apesaki mabondeli na motema na matondi.

Sima na Yesu konyokwama mpona ba tango motoba na ekulusu, Alobaki ete,"Nayoki posa na komela" (Yoane 19:28). Ezalaki posa na molimo, yango ezali posa na komela mpona milimo ba oyo bazali kokende na nzela na kufa. Na kokanisaka likolo na milimo mizangi suka ba oyo bakobika na mokili oyo, Azalaki kosenga na biso kopesa sango na ekulusu mpe kobikisa milimo.

Suka suka Yesu Alobaki ete, "Esili! (Yoane 19:300 mpe apemaki mpema na ye na suka sima na kolonba ete "Tata, katina maboko na Yo nazongisi molimo na Ngai" (Luka 23:46). Atikaki molimo na Ye na maboko na Nzambe mpo ete Asilisaki mosala na Ye mpona kofungola nzela na lobiko mpona bato nioso na kokomaka mozongisi lisanga Ye moko. Ezalaki ngonga oyo mosala na bolingo monene ekokisamaki.

Wuta wana, efelo na masumu ezalaki kotelema kati na Nzambe mpe biso ekweyaki, mpe topesamelaki nzela na kosolola na Nzambe. Liboso na wana, nganga Nzambe mokonzi asengelaki kobonza mbeka na bolimbisi na masumu mpona bato, kasi ezalaki lisusu bongo te. Moto nani nani andimelaki Yesu Christu bakokaki koya kati na sanctuaire esantu mpe kongumbamela mbala moko Nzambe.

Yesu Abongisa bisika na Kofanda kati na Lola na Bolingo na Ye

Liboso na Ye kozwa ekulusu, Yesu Ayebisaki bayekoli na Ye likolo na makambo makoya. Ayebisaki bango ete asengelaki kozwa ekulusu mpona kokokisa mokano na Nzambe Tata, kasi bayekoli bazalaki kaka na komitungisa. Sik'awa alimbolelaki bango likolo na bisika na kofanda na Lola mpona kopesa bango makasi.

Yoane 14:1-3 elobi ete, " "Tika ete mitema na bino mitumolama te. Bondima Nzambe, bondima mpe Ngai. Na ndako na Tata na Ngai, bifandelo bizali mingi. Soko bongo te, mbe nasili koloba na bino;Pamba te nakokenda kobongisela bino esika, nakoya lisusu mpe nakoyamba bino epai na Ngai, bino bozala mpe kuna lokola." Lokola elembo na solo, Alonga kufa mpe Asekwaka, mpe Anetwamaki na Lola na miso na bato ebele. Ezalaki mpo ete Akoka kobongisa bisika na kofanda mpona bison a Lola. Sasaipi, nini elakisi na 'nakei kobongisela bino esika'?

1 Yoane 2:2 elobi ete,"...Ye azali mpe mobondi mpona masumu na biso. Kasi bobele mpona yango na biso te kasi mpona mokili

mobimba." Lolenge elobama, elakisi ete moto nioso akoki kozwa Lola na kondima, mpo ete Yesu Abuka efelo na masumu kati na Nzambe na biso.

Lisusu, Yesu Alobaka ete, "Na Ndako Na Tata na Ngai bifandelo mizali mingi," mpe elobeli bisio ete Alingi moto nioso azwa lobiko. Alobaki te ete ezali na bifandelo ebele na Lola kasi 'Na ndako na Tata na Ngai', tokoki kobenga Nzambe Abba, Tata' na nzela na mosala na makila motuya na Yesu.

Nkolo Akobi na kobondela na suka te mpona biso. Abondelaka makasi liboso na Ngwende na Nzambe na komela mpe kolia te (Matai 26:29). Abondelaka mpo ete tolonga etumba na boleki na baton a nse na moi mpe Atalisa nkembo na Nzambe na kofulikisa milema na biso.

Lisusu, sima na esambiseli na Ngwende na Pembe Monene ikosalema sima na boleki na baton a nse na moi esili, Akokoba kosalela biso. Na esika na esambiseli moto nioso akosambisama na mbeba moko te mpona makambo nioso moto na moto akosala. Kasi Nkolo Akozala kotelema mpona bana na Nzambe mpe kolobela bango nakolobaka ete, "Nasukolaki masumu na bango na makila na Ngai," mpo ete bakoka kozwa bisika malamu na kofande mpe mabonza na Lola. Mpo ete Akitaka na mokili oyo mpe Akutanaka na makambo nioso oyo moto alekelaka, Akolobela baton a kosalaka lokola avocet. Lolenge nini tokoki kososola bolingo oyo na Christu na mobimba?

Nzambe Atika biso tososola bolingo na Ye mpona bison a nzela na Muana na Ye se moko na likinda Yesu Christu. Bolingo oyo ezali ete Yesu Atika tea ta kotangisa litanga na Ye na suka na makila likolo na biso. Ezali na condition te mpe ikombongwanaka ten a oyo Akokaki kolimbisa mbala ntuku sambo na sambo. Nani akoki kokabola bison a bolingo oyo?

Kati na Baloma 8:38-39, ntoma Polo atatolaki ete, "Nandimi solo ete ata kufa, ata bomoi, ata banje, ata mikonzi, ata makambo nan tango oyo, ata makambo makoya sima, ata ndenge na nguya na mokili, ata molai, ata bozindo, ata eloko mosusu nini ekoki kotangola biso ten a bolingo na Nzambe,bozali kati na Kristu Yesu, Nkolo na biso."

Ntoma Polo asosolaki bolingo oyo na Nzambe mpe bolingo na Kristu, mpe apesaki nioso na bomoi na ye moko mpona kotosa mokano na Nzambe mpe kobika lolenge na ntoma. Lisusu, atikaka bomoi na ye te mpona koteya sango malamu epai na bapaya. Asalelaki bolingo na Nzambe oyo imemaka bato mingi na nzela na lobiko.

Ata ete abengamaki 'mokambi na bonzambenzambe na Banasalete', Polo akabaki bomoi na ye nioso lokola moteyi. Apanzaki na mokili mobimba bolingo na Nzambe mpe bolingo na Nkolo yango ezali mozindo na koleka mpe monene eleki epimeli nioso. Nabondeli na Nkombo na Nkolo ete bokokoma bana na solo na Nzambe ba oyo bakokisi Mobeko na bolingo mpe mpona seko koingela na esika kitoko na koleka na Lola Yelusaleme na Sika, kokabolaka bolingo na Nzambe mpe bolingo na Christu elongo.

Mokomi:
Dr. Jaerock Lee

Dr. Jaerock Lee abotamaka na Muan, Provinnce na Jeonnam, Republique na Koree, na 1943. Na tango na ba mbula na ye ntuku mibale, Dr. Lee anyokwamaka na ba bokono kilikili mizanga lobiko mpe mpona ba mbula sambo azelaka kufa na elikya na lobiko te. Kasi mokolo moko na tango na molunge moke na 1974 akambamaka na ndako na Nzambe na kulutu na ye na muasi mpe tango afukamaka mpona kobondela, Nzambe na bomoi na mbala moko abikisaka ye na ba bokono na ye nioso.

Kobanda tango akutanaka na Nzambe na bomoi na nzela na likambo wana malamu, Dr. Lee alingaka Nzambe na motema na ye mobimba mpe bosolo, mpe na 1978 abengamaka lokola mosali na Nzambe. Abondelaka makasi na mabondeli na kokila mpo ete akoka kososola malamu mokano na Nzambe, akokisa yango na mobimba mpe atosa Liloba na Nzambe. Na 1982, abandisaka egelesia centrale Manmin na Seoul, Koree, mpe misali mingi na Nzambe, at aba lobiko na bikamwa, bilembo mpe bikamwiseli, mibanda kosalema na egelesia na ye kino lelo.

Na 1986, Dr. Lee atiamaka lokola Pasteur na Assemblee annuel na Yesu' Egelesia Sungkyul na Koree, mpe mbula minei na sima na 1990, mateya na ye mibanda kotalisama na Australie, Russia, mpe ba Philippino. Na tango moke ba mboka mingi lisusu mikomaka na kotala na nzela na Company na Difusion na far est, Stadion na Difution na Asia, mpe Sysatem na Radio na Bakristu na Washington.

Sima mbula misato, na 1993, Egelesia central Manmin eponamaka lokola moko na ba "Mangomba 50 na likolo Koleka" na magazine na Bakristu Mokili mobimba (EU) mpe azwaka Doctora Honorius na Bonzambe na Ollege na Bondimi na Bakristu, na Floride, EU, mpe na 1996 Azwaka Doctora na ye na makambo matali Mosala na Nzambe na Seminaire ya Theologie Kingsway, na Iowa, EU.

Wuta 1993, Dr. Lee abanda kopanza Sango Malamu na Mokili Mobimba ata na Tanzanie, Argentine, L.A., Baltimore Cite, Hawai, mpe New York na Etats Unie, Uganda, Japon, Pakistan, Kenya, Ba Philipines, Honduras, Inde, Rusia, Allemagne, Peru, Republique Democratique ya Congo, Israel, mpe Estonie.

Na 2002 andimamaka lokola "moteyi Sango Malamu na Mokili mobimba" mpona misala na ye na nguya na ba jounnal mingi na Bakristu kati na Koree. Na mingi ezalaki 'Croisade na ye na New York na 2006' isalema na Madisom square Garden,, bisika ikenda sango koleka na mokili mobimba. Molulu ilekanaka na bikolo 220, mpe na Croisage na ye na Yisalele atatolaka na kobanga te ete Yesu Christu Azali Mesia mpe Mobikisi.

Mateya ma ye milakisamaka na Bikolo 176 na nzela na satellite ata na GcN TV mpe atangama lokola 'Moko kati na ba 10 na bakambi na Bakristu bazali kobongolisa bato mitema' na mbula 2009 mpe 2010 na Magazine iye ikenda sango na Bakristi na Rusia na kombo In Victory mpe angence na ba sango Telegraphe na Bakristu mpona Ministere na ye na nguya o nzela na bitando mpe ministere na ye na kokamba egelesia.

Kobanda Mai na 2013, Egelesia Central Manmin ezali na lingomba na bato koleka 120,000. Ezali na ba branche 10,000 mipalangana na mokili mobimba kosangisa 56 na ekolo Koree, mpe na ba missionares 129 ba oyo batindama na ba mboka 23, ata na Etats unies, Russia, Alemagne. Canada, Japon, Chine, France, Inde, Kenya, mpe mingi kino lelo.

Kino na mokolo na kobimisa buku oyo, Dr. Lee akoma ba buku 85. Ata buku eye : Meka bomoi na seko liboso na kufa, Bomoi na ngai bondimi na ngai I & II, Sango na ekulusu, Bitape kati na kondima, Lola I & II, Lifelo, Lamuka, Yisalele!, mpe Nguya na Nzambe. Ba buku na ye mikomama na minoko 75 na koleka.

Ba colonne na ye na makomi na Bakristu mibimaka na ba journal eye: Hankoook Ilbo, Quotidien Joongang, Chosun Ilbo, Dong-A Ilbo, Munha Ilbo, Seoul Shinmun, Kyunghyang Shinmun, Quotidien na Economie na Koree, Herald ya Koree, Ba Sango na Shisa, Mpe Press na Ba Christu.

Sasaipi Dr. Lee azali mokambi na ba masanga mingi na ba missionaire. Yango esangisi : Mokambi, Lisanga na Mangomba na Yesu Christu mpona Kobulisama; Mokambi, Mission Manmin na Mokili Mobimba ; President na Tango oyo : Lisanga na Bakristu mpona bolamuki kati na Mosala, Mobandisi & Mokonzi na Conseil D'Administration, Reseau na Mokili Mobimba Mpona Minganga na Bakristu (WCDN) ; mpe Mobandisi & Mokonzi na Conseil D'Administration, Seminaire Manmin mpona Mokili Mobimba (MIS).

Other powerful books by the same author

Heaven I & II

A detailed sketch of the gorgeous living environment the heavenly citizens enjoy and beautiful description of different levels of heavenly kingdoms.

The Message of the Cross

A powerful awakening message for all the people who are spiritually asleep In this book you will find the reason Jesus is the only Savior and the true love of God.

Hell

An earnest message to all mankind from God, who wishes not even one soul to fall into the depths of hell! You will discover the never-before-revealed account of the cruel reality of the Lower Grave and hell.

Tasting Eternal Life Before Death

A testimonial memoirs of Dr. Jaerock Lee, who was born gain and saved from the valley of death and has been leading an exemplary Christian life.

The Measure of Faith

What kind of a dwelling place, crown and reward are prepared for you in heaven? This book provides with wisdom and guidance for you to measure your faith and cultivate the best and most mature faith.

www.urimbooks.com

www.ingramcontent.com/pod-product-compliance
Lightning Source LLC
LaVergne TN
LVHW021815060526
838201LV00058B/3391